欧洲：历史与现实

张海燕　翁炫彬　编著

江苏人民出版社

图书在版编目（CIP）数据

欧洲 : 历史与现实 / 张海燕, 翁炫彬编著. -- 南京 : 江苏人
民出版社, 2023.10
ISBN 978-7-214-28431-0

Ⅰ.①欧… Ⅱ.①张… Ⅲ.①欧洲－历史 Ⅳ.
①K500.7

中国国家版本馆CIP数据核字(2023)第190983号

书 名	欧洲：历史与现实
编 著	张海燕 翁炫彬
责 任 编 辑	鲁从阳
装 帧 设 计	曼 玲
责 任 校 对	王翔宇
出 版 发 行	江苏人民出版社
出 版 社 地 址	南京市湖南路1号A楼，邮编：210009
印 刷	文畅阁印刷有限公司
开 本	710 mm×1 000 mm 1/16
印 张	11.25
字 数	160千字
版 次	2024年4月第1版
印 次	2024年4月第1次印刷
标 准 书 号	ISBN 978-7-214-28431-0
定 价	68.00元

（江苏人民出版社图书凡印装错误可向承印厂调换）

序 言

　　两千多年前，丝绸之路联结中国与欧洲，活跃的贸易往来促进了文明交融。两千多年后的今天，欧亚大陆诸国共同面临着"世界百年未有之大变局"的考验。经济全球化遭遇前所未有之挑战，世界地缘政治冲突不断激化，国际局势日益错综复杂。如何看待中欧关系，如何把握中欧关系，如何发展中欧关系，是需要中国与欧洲深思熟虑并谨慎对待的问题。中欧关系走势不仅事关中国与欧洲国家发展，对世界格局也至关重要。因此，增进彼此认知是消除分歧、增强互信的重要路径。故而，走近欧洲、了解欧洲，透视欧洲国家间的民族差异性、历史复杂性，对于理解欧洲人如何看待中欧关系更有裨益，对于青年一代尤其如此，令其知史鉴今，有助于其更全面、更客观地看待问题、解读世界。本书以欧洲多国的历史沿革、自然人文、社会现实与国际关系等主题为脉络，邀请了十三位国内知名专家，将自身多年深耕欧洲研究的学术积淀与游历欧洲的田野调研向学生娓娓道来，以生动的语言呈现了一幅多样化的欧洲图景，引领读者感受欧陆风云。

　　本书是浙江金融职业学院捷克研究中心推出的国别文化公选课《捷克与欧洲：历史、文化与现实》的专家讲座文稿集册。捷克研究中心是浙江金融职业学院培育建设的国别研究智库，目前已成长为教育部国别和区域研究高水平建设单位、浙江省重点培育智库、中国—中东欧国家智库交流与合作网络理事单位、浙江省"一带一路"综合服务联盟成员单位、浙江省区域国别与国际传播研究智库联盟成员单位。捷克研究中心以咨政、咨商、企民、育人为功能定位，致力于打造浙江省乃至全国与中东欧国家合作的平台与交流的窗口。

浙江金融职业学院校长

郑亚莉

目录 CONTENTS

风云欧洲

欧洲人是如何走出欧洲的

主讲人：胡键

内容提要： "欧洲人走出欧洲"是有关"全球化"的话题。讲座围绕滥觞、嬗变、内涵、赋能与应对五个关键词展开，依次解答了以下问题：欧洲人究竟是怎样走出欧洲，进而形成近代意义的全球化？从目的、地域、文化及主体四个维度看全球化是如何变迁的？欧洲人走出欧洲为全球带来了什么？全球化在演进的过程中是如何被资本、技术、政府和跨国网络倡议等因素赋能？在面对全球化的风险时，人类应如何应对？

主讲人简介： 胡键，上海政法学院软实力研究中心主任、教授、博士生导师，中国——上合组织基地特聘专家；兼任上海市俄罗斯东欧中亚研究会副会长、上海市社会科学普及研究会副会长、上海欧洲学会理事；同时兼任上海社会科学院软实力研究中心学术主任、上海社会科学院上合组织研究中心副主任、华东师范大学中亚研究中心学术主任、新疆师范大学文化润疆研究院学术院长和特聘教授、上海市委党校（上海行政学院）客座教授；曾长期担任《社会科学》杂志社社长、总编；主要从事大国关系和中国发展战略研究；出版个人专著《一带一路战略构想的理论与实践研究》《资本的全球治理》《中国软实力研究》等10部；在《中国社会科学》《世界经济与政治》《中国行政管理》等重要刊物上发表论文120余篇，其中50余篇被人大复印资料、《新华文摘》全文转载，是国内高转载率的作者之一；主持了国家社科项目、上海市社科规划项目等十余项。

"欧洲人走出欧洲"实质是一个有关"全球化"的话题，它不仅与欧洲有关，也与中国、与整个世界有关。

马克思在《共产党宣言》里分析全球化时提及欧洲人到达东方落后国家的过程就是资本的运动过程。在此之前，欧洲人也是被征服的对象。在公元前的几个世纪其实是东方人、北方人征服西方和南方的过程。比如生活在东方的北方的匈奴人就有一段向西、向南扩张的历程，他们首先征服了大月氏，就是今天的中亚哈萨克斯坦、乌兹别克斯坦、吉尔吉斯斯坦等。随后匈奴人到了中东地区，再进一步到了欧洲，征服了罗马。这就是一个从东方到西方，从北方到南方的扩张过程。在这个过程中，他们自己也逐渐被同化，慢慢定居下来，形成新的国家和新的民族。匈奴人扩张的过程也导致了罗马帝国的崩溃，此后欧洲逐渐形成了三种文化：以天主教文化为主的西欧文化、以东正教为主的拜占庭文化和伊斯兰文化。开篇的故事说明了欧洲人走出欧洲并不是全球化的全部，在它之前其实有一种以军事征战为内容的全球化。

一、滥觞：欧洲的遭遇与全球化的初步展开

欧洲人究竟是怎么走出欧洲，进而形成近代意义的全球化？

大部分学者把欧洲的中世纪称为"黑暗年代"。近年来出现一种观点，即欧洲的中世纪并非都是黑暗的。美国学者本内特（Judith M. Bennett）和霍利斯特（Warren Hollister）指出，中世纪中期的欧洲"人口逐渐增长，财富得以汇聚，城市得到发展，教育得到振兴，疆域也在扩张"。但人口急剧扩展后，欧洲开始面临严重的资源稀缺。公元 1315—1322 年欧洲发生了大饥荒。继而，1347 年欧洲开始了一场旷日持久的大瘟疫即"黑死病"。病毒在欧洲飘荡，直到 1721 年才正式得到了控制。"黑死病"肆虐高峰期夺走了欧洲大约 1/3 人口的生命。饥荒与瘟疫促使欧洲人到远方去寻找新的"流着奶和蜜的迦南地"，从而有了欧洲人的海上探险。新航路的开辟和此前已经出现的商业相结合，大大提升了商业贸易的规模和对外辐射力。

因此，欧洲的中世纪经历了这样一种历史进程：人口过剩—饥荒与瘟疫—新航路开辟—经济发展与人口增长。饥荒和瘟疫不仅没有使世界相互隔绝开来，反而正是饥荒和瘟疫在一定程度上促使人们寻找新的生存空间和创新生存技术，因此也催生了一些重要变革。首先，医学有了突飞猛进的发展。体温计和显微镜被发明。借助体温计，人类发现人是恒温动物，因此，当人的体温发生变化时说明身体出现了状况。借助显微镜，人类的认知从宏观世界进一步拓展至微观世界。微观世界中微小的蛋白质就能够夺取人的生命。此外，英国生理学家哈维（William Harvey）发现了血液循环，让人类发现一旦身体某个部位受到病毒侵害，血液的流动就会把病毒带到全身。医学技术革命让人类实现了认识世界、认识自己的巨大突破，从宏观世界走向微观世界，从体外的宇宙走向人

类自身。其次，随着医学技术的发展，人类对自身的认识逐步加深，认识到人肉体属于自己，精神也应该是属于自己，所以宗教革命爆发了。而瘟疫的大爆发再次引发了人们对上帝的怀疑，既然上帝无法拯救人类，人类就需要自我拯救。因此，恰恰也是在疫情高发期之后，16 世纪的欧洲出现了人文主义思想，这是从宗教枷锁下摆脱出来人类对人自身的重新定位。随之而来的就是文艺复兴，文艺复兴也与技术进步有关系，与人类认识自身的技术进步成果有关系。医学革命、宗教改革、文艺复兴为后来的工业革命打下了基础。

工业革命使得英国的工业水平不断提高，形成了当时第一个世界工厂，造就了大英帝国。19 世纪大英帝国的工业发展非常迅速。1846 年工业文明时代开始了，同年，《废除谷物法》颁布，意味着大英帝国由原来的贸易保护走向了自由贸易，说明其工业化水平远远超过了世界其他国家。马克思曾经在与庸俗经济学家们就自由贸易好还是保护贸易好有过争论。马克思专门写过一本书说明"当一个国家产业水平没有在世界居于绝对主导地位时，会采取关税保护政策，不可能走向自由贸易"。恩格斯在《英国状况》一书中提到，作为"世界工厂"的英国成为"农业世界的伟大的工业中心，是工业太阳，日益增多的生产谷物和棉花的卫星都围绕着它运转"。于是，马克思、恩格斯认识到："不断扩大产品销路的需要，驱使资产阶级奔走于全球各地，它必须到处落户，到处开发，到处建立联系。"因此，英国也正是在工业革命时代加速走向东方。

工业革命是大英帝国崛起成为世界大国的原因，同时，它也是大英帝国衰落的根源。这个观点是英国著名的左翼思想家霍布斯·鲍姆的观点。原因在于，工业革命之后钢铁工业成为大英帝国最大的产业，吸引着当时丰裕的民间资本大量囤积在钢铁产业。一个产业一旦囤积的资本太多就会导致泡沫化，就像荷兰的郁金香危机一样。一旦泡沫破裂，就会发生经济危机。所以，从 1825 年之后大英帝国反复陷入经济危机，而经济危机首先爆发的产业就是钢铁产业。当然，危机产生主要是由于管理上的问题，是产业结构发展不平衡的问题。我们不能因为工业革命是大英帝国兴起的原因，也是它衰落的原因，就否认工业革命的作用。恰恰相反，技术革命引发工业革命，成就了大英帝国。技术革命可以成就一个大国，技术革命也可以淘汰一个大国。美国就是利用第二次工业革命的机会成功取代了大英帝国的霸主地位。二战结束后，美国开始把原来运用在军事上的先进技术转到民用上，比如微电子技术、远洋技术、航天技术、航空技术等，美国利用这些新科技革命引领了第三次工业革命，巩固了世界霸主地位。

二、嬗变：欧洲人的命运与全球化的变迁

（一）全球化的目的视角：欧洲人从求生存到资本全球追求利润的过程

全球化客观上是一个二律背反，但全球化的内涵在时间轴上是不断变化的。从目的上来看，全球化是欧洲人为摆脱饥荒、瘟疫以求生存为目的而出走的过程，逐渐转变为全球追求利润的过程。大饥荒的悲剧以及随后的瘟疫促使人们努力寻找新的生路，但求生存的欲望与早期商业资本的发展从一开始就结合在一起了。只是生存的威胁暂时掩盖了资本的欲望而已，但资本的欲望从来就没有被抑制，始终有一种向外扩张的冲动。早期商业并不存在资本过剩。后来随着经济形势的复苏和发展，资本集中垄断的情形越来越严重，资本过剩的情况也就日益突出。在这种情形下，解决利润率下降的唯一手段就是资本输往国外，"因为它在国外能够按更高的利润率来使用"。这就是资本扩张的过程。而在 1400 年以后，借助于造船技术、航海技术和海军装备技术的进步，资本对外扩张就更加便利了，而且资本也超出了经济的职能逐渐具有了政治的职能。资本扩张不仅有"剑"而且还附上了基督教的"灵魂"。因此，资本逐利的对外扩张过程也是一个西方文化扩张的行为。于是，欧洲人走出欧洲就像马克思在《共产党宣言》里说"把一切野蛮的民族都卷进了资本的逻辑当中来"。资本主义就是资本追求利润，按照资本的逻辑来创造一个世界的过程。

（二）全球化的地域视角：将世界分割为"东方"与"西方"的过程

从地域上看，全球化是一个将世界分割为"东方"与"西方"的过程。欧洲人从故乡来到陌生的东方，在东方和西方之间建构起一种关系。按照马克思的观点，所谓的全球化就是领先的西方把东方彻底西方化的过程。萨伊德的《东方主义》也提到"西方要建构一个东方"。而这个建构东方的过程是西方按照西方的逻辑来进行建构的过程。马克思和恩格斯有一篇文章分析大不列颠及印度的关系，提到大不列颠的使命首先是破坏的过程，然后才是重建的过程。资本来到东方首先要破坏东方原有的社会经济结构。印度原本是落后的农业社会、自然经济，种姓制度盛行，这样的经济是不利于发展资本主义经济的，不破坏印度的种姓制度就不可能建立资本主义生产关系，因此，首先要把它破坏掉，然后才是重建的过程。西方来到东方的重建当然不是为了当地东方民族的经济发展需要来重建，它是按照西方的经济形态，为了发展资本主义而开展的重建，不是为

了东方落后民族的现代化进行的重建。当然，客观上重建的过程也会促进落后国家的经济发展。但正如马克思所讲，这仅仅是资本扮演了历史的不自觉，本质上是历史的不自觉现象，即客观上促进东方民族的经济发展，主观上是要促进资本主义的发展。这样的全球化进程逐步将世界分割为"东方"和"西方"。

（三）全球化的文化视角：将世界分为"基督教世界"与"非基督教世界"的过程

从文化上看，全球化是一个将世界划分为"基督教世界"与"非基督教世界"的过程，或者是一个"欧洲"与"非欧洲"的过程，或者"欧洲化"的过程，就是用欧洲来同化世界的过程。有一种说法，资本的对外扩张源于基督教的扩张主义，而且"为了使异端和不信教的人皈依基督教，基督教会总是毫不犹豫地使用武力"。但究竟是基督教的扩张促使了欧洲资本的扩张，还是资本的扩张附加了基督教传播"福音"的内容，这二者之间的关系并无可靠的证据。不过，基督教会的确在 11—13 世纪的近 200 年里发动了一系列大规模的宗教军事行动即十字军东征，目的就是要"收复被阿拉伯穆斯林入侵占领的土地"，尤其是"圣城"耶路撒冷。十字军东征被史学家认为"聚合了当时三大时代热潮：宗教、战争和贪欲。这三者缺一不可。如果没有基督教的理想主义，那就不会有十字军了；然而，从异教徒手中解放耶路撒冷，使其重新对基督教朝圣者安全开放的梦想，若没有新土地上滚滚财富的诱惑，也不会如此诱人"。也就是说，基督教的战争扩张不仅始终是与财富、贪欲联系在一起的，而且其矛头主要就是针对"非基督教世界"。总体而言，西方世界就成为了"基督教世界"，东方世界则是"非基督教世界"。

（四）全球化的主体视角：将人群分为"我们"与"他们"的过程

在权力化本身的过程也就产生了全球化将人区分为"我们"与"他们"的过程。在西方人眼中，非西方的、非基督教世界的人就是所谓"他们"。因此，由于与西方的价值观不同，东方的中国一直到今天在西方眼中都是他者。即便中国经过 40 年的经济发展和现代化建设的确开创了一条中国特色的现代化之路，但从 20 世纪 90 年代以来一直充斥着各种"中国威胁论""中国崩溃论""中国傲慢论"等，这其实是西方舆论对中国形象的一种建构。在西方世界，中国因其独特的文化和文明自然地成为西方眼里的"他们"。基督教建构起来的"中国"是作为一个"他者"即与基督教世界的"我们"不同的"他们"而存在的。如果联系亨廷顿《我们是谁？》一书，我们便可以看出他在冷战结束后提出的"文明冲突"论，最终可以归结在"我们"盎格鲁—新教文化的白种人与"他们"非基督教世界的有色人种之间的冲突，因而表现为一种强烈的"盎格鲁—撒克逊的种族民族主义"。在这一背景下建构起来的并不是一个真正的中国形象，不是符合中国客观实际的中国观。

三、内涵：欧洲人走出欧洲后带来的全球问题

全球化究竟是什么？学术界迄今也没有达成共识。马克思认为全球化是资本对外扩张的现象。后来的大多数全球化论者也都持这样一种观点，认为全球化是市场的全球整合，是市场要素的全球性流动。但吉登斯（Anthony Giddens）指出："全球化是我们生活中时—空的巨变。"赫尔德（David Held）等也认为全球化是"在经济力量和技术力量的推动下，世界正在被塑造成一个共享的社会空间；在全球一个地区的发展能够对另一个地方的个人和社群的生活机会产生深远的影响"。可见，全球化所覆盖的领域大大超出我们的想象。

从"时—空巨变"视角理解全球化是人类文明与"异类文明"相互影响的过程。"异类文明"是自然界一切非人类生物体的"文明"，即生物体的活动在地球所留下的痕迹。从"文明"一词的起源看，文明最初与人类的活动并没有什么关系，而是一种自然状态，后来人们借用这个词来表达人类所创造的一切的总和。根据《说文解字》："文，错画也。象交文。"也就是说，"文"是象形文字，源于甲骨文的纹理纵横交错之形。"明，照也。从月从囧。凡明之属皆从明。"而"文"与"明"合在一起作为一个词出现，最早见于《尚书》："濬哲文明，温恭允塞。"这句话是用来形容舜：智慧深远且文德辉耀，温和恭敬的美德充满于天地间。比《尚书》晚一些成书的《周易·文言》中也用了"文明"一词，即"'见龙在田'，天下文明。"意思就是"见龙在田"，天下万物就得到光明普照而神采奕奕。

从这一视角理解全球化，我们不难发现，全球化中不只存在人类不同民族、种族文明的全球拓展，而且存在"异类文明"的全球"蔓延"，各种病毒（半生物体）、病菌（微生物体）等作为"异类文明"存在于地球上的时间远远早于人类文明。人类史书关于病毒、病菌的记录不会早于公元前 2400 年，大概是古代埃及纸书中的"Set"一词，据推测极有可能是麻风。此后，关于疾病、瘟疫的记载就成为人类史书的常见内容。但是，这并不意味着病毒、病菌的"异类文明"就始于那时，而是人类对它们与人类文明交集的认

识始于那个时候，在此之前，它们早就自然地存在于地球上。当然，病毒作为半生物体的"文明"现象存在，需要寄宿于生命体中，在人类出现在地球上之前，它们寄宿于其他动物身上。那么，究竟是什么使得人类文明与"异类文明"之间发生交集甚至是嵌入呢？

第一种方式是战争。人类文明的全球扩展最初主要是基于战争，战争也是扰乱人类文明与"异类文明"关系的因素。比如著名的伯罗奔尼撒战争，这是一场斯巴达与雅典之间的战争。在这之前先是爆发了希腊和波斯之间战争。波斯打败了希腊之后，开始征战埃及，结果很多士兵在埃及的沙漠里感染了病毒。部队感染病毒后，很多人逃回了雅典，就把病毒带回了雅典。在伯罗奔尼撒战争爆发之后，雅典内部的瘟疫也爆发了，修昔底德用了大概四页纸的文字描述当时惨不忍睹的状况。修昔底德本人参加了这场战争，也不幸感染了瘟疫后死掉。因此，战争扰乱了人类文明与"异类文明"之间的关系。同样，14世纪中期的鼠疫也因战争而起，1346年金帐汗国的蒙古军队围攻克里米亚地峡的加法城时，把寄宿于亚洲腹地的野生啮齿类动物身上的病毒带到了那里，从而导致瘟疫愈演愈烈，又被在加法城里侥幸活下来的意大利商人通过商船带到了欧洲各地。欧洲人在美洲大陆杀害了大量印第安人，但欧洲人带去的病毒导致的印第安人死亡人数远远超过他们杀死的印第安人的人数。所以，战争是可怕的，但比战争更可怕的是战争的后果。人类历史上战争导致的死亡人数远远少于战争带去的病毒导致的死亡人数。

第二种方式是经济开发和贸易行为。

第三种方式是食用。人类食用野生动物的历史非常漫长。《圣经》的故事中提到，创世纪时耶和华创造人、天、地后告诉人类"所有的动物你们都可以吃，那是我赐予你们的食物"。人类食用野生动物的行为就是人类文明以错误的方式嵌入"异类文明"的行为。于是，各类病毒从过去的宿主（各类野生动物）进入人体，把人类的个体作为新的宿主。结果，病菌的"异类文明"从被动地进入人类文明之中转变为积极地嵌入人类文明之中，人类文明的全球拓展同时也是病菌"异类文明"的全球化。目前，以利益诉求为特征的人类文明的全球化因其失调而告一段落，但病菌等"异类文明"的全球化正狂飙突进。"当前疫情的蔓延广度和危害程度是前所未有的，一方面表现为对人类生命的威胁，另一方面表现为对世界民众心理、经济、政治、文化等多个领域造成的危害"。换言之，"异类文明"对人类文明的全面嵌入，决定了人类不再以肤色、民族、国家等为壑，而是全面加强人类全球性的合作。否则，人类在一次又一次遭受"异类文明"的袭击以后，却一次又一次迅速将其忘却。

四、赋能：欧洲人走出欧洲的过程是怎样被赋能？

全球化在当今已经不再是一个客观的趋势，而是一个被人类现代性力量所扭曲且被赋能的过程。

（一）资本赋能

最早出现的是资本赋能。不同地区的资本规模大小、品质等构成了资本"位势差"，推动了资本为逐利而流动。欧洲资本正是为了追求利润走到了东方落后国家。但各国的资本成长速度不同，获取的利益就存在差异。这种资本成长速度的不同积聚到一定程度就会引发战争。而战争与资本追求利润的本质又是矛盾的，战争会带来死亡，战争本身不能获利，而资本的本性是唯利是图，最终就会达成暂时的妥协。每一次战争之后往往会签订一个协议，或者大家妥协达成一种机制，维也纳体系也好，华盛顿体系也好。近代上海出现的法租界、英租界、美租界、日租界等就是一种各国利益妥协的结果。但暂时的妥协并不稳定，资本成长速度的不一样性又会引发新的矛盾。成长快的资本又不满意原有的妥协结果，凭什么这块是你的，为什么不是我的？这样又可能会发生战争。所以，资本赋能的过程是一个不断发生战争的过程，正如马克思、恩格斯所讲"只要资本存在，战争是不可避免的"。今天，不仅资本的规模发生了巨大的变化，资本的流向也由原来的单向流动变为多向流动。当时的资本规模与今天资本的规模不能同日而语。当时的东印度公司完全不能与今天的微软、亚马逊、谷歌等企业相比。更为重要的是，资本的流向发生了变化，这是一个质的改变。在马克思、恩格斯时代，资本的流向是单向性的，从西方国家流向落后国家。利润的流向恰恰相反，从落后国家流向西方国家。所以，资本主义时代资本和收益的流向都是单向性的。今天资本的流向是多向性的，同样，利润的流向也是多向性的。美国资本可以流向欧洲，流向非洲。中国阿里巴巴、华为的资本也会流向美国、欧洲、非洲等。利润与资本流向相反方向，但也是多向性的。所以，资本主义时代的全球化是单向性的，真的是从欧洲走出欧洲的过程。而今天的全球化是多向性的，比如 2021 年 3 月导致苏伊士运河被堵的搁浅船只就是全球化的缩影，船东是日本的"正荣汽船"公司，运营企业是台湾长荣集团，船籍隶属巴拿马，员工多为印度员工。这就是新型全球化，涉及一系列的经济问题与产业问题。

（二）新兴技术赋能

传媒技术与全球化从一开始就存在着一种互动，印刷报纸出现在西方是在 15 世纪 50 年代。报道哥伦布发现新大陆消息的报纸产生于 1493 年，是罗马第一张印制的报纸。19 世纪 30 年代诞生的电报技术是为了给走向全球化的人类传递信息，但通信技术发展之迅速超乎人们的想象，特别是第二次世界大战后新技术革命催生的互联网技术，在大约 30 年的时间里就把人类社会带入互联网时代，全球化过去的一切范式如战争范式、文化范式、资本范式等，都迅速被互联网信息技术范式所取代。最关键的是，互联网以自己的信息技术范式对全球化的时间、空间进行转化或者重组。一是使全球化在时间轴上表现为两种形式，一种叫做"同时性"（simultaneity）；另一种叫做"无时间的时间"（timeless time），也称为"无时间性"（timelessness）。二是使全球化在空间域上表现为空间的流动性（flusility）。

互联网时代，传媒技术发挥了根本改变，人类从原来的传统媒体进入互联网媒体。当年麦哲伦在环球航行途中被菲律宾附近的土著人杀死。这一事件的消息传回欧洲已经是两个月左右后的时间了。当时的传播媒介非常落后。今天不一样了，互联网技术的发展改变了传媒世界。卡斯特（Manuel Castells）在《网络社会的崛起》也提到了网络的崛起削弱了时间和空间的概念。施一公也在一次演讲中提到宇宙是没有时间概念的，时间是人类主观建构的。因此，互联网的功能就是压缩了时间和空间。在互联网技术支撑下的大数据、人工智能对人类的影响更巨大。现阶段世界还处于专用机器人时代，据测算平均工资为 20—40 美元 / 小时的工作基本可以被机器人替代。未来在通用机器人时代，机器人可以取代大部分人的劳动。届时，劳动将成为人类社会的奢侈品。马克思讲劳动创造人本身，当劳动成为一种奢侈品时，是不是技术将淘汰人本身呢？前两年南方科技大学的一位科学家编辑了一条艾滋病免疫的基因，那么，人类是不是也可以编辑既有强大的肌肉力又有强大智慧力的人？技术上完全可以。只要伦理上允许，这样的人一旦被编辑出来就是来控制统治人类的。这几年，我们不再讨论资本本身的问题，而更多开始讨论技术的伦理问题。技术发展在突飞猛进的时候，它产生的这种技术成果本来是为人类服务的，结果却征服了人类本身，产生了所谓"人征服人"的战争。

（三）政府的赋能

全球化是一个客观趋势，尽管欧洲人走出欧洲的过程是一个人为选择的过程，但是它带来的全球化过程是一个客观的进程。特别从威斯特伐利亚体系建立以来，主权国家成为最主要的国际行为体，他们因为想方设法主导全球化进程来获取国际关系中滋生的最大的国家利益。政府总是以维护主权国家利益的角度来重塑自身在全球化进程中的合法性，其最重要的手段就是试图用国家的价值和意识形态来"训导"（displine）全球化。强势的主权国家以自有的意识形态和政治价值观不断地塑造全球化，导致本应是一个顺流而下的全球化过程被不断地扭曲。当然，国际关系中还有跨国行为体、非政府组织等，它们以实际行动参与到全球竞争中。这些行为体有些是积极的，有些可能是消极的。积极的行为体比如国际环保主义组织、动物保护主义组织等，消极行为体比如恐怖主义组织、邪教组织等。但这些非政府组织、跨国行为体本身并不实际掌握充分的资源，并不能对全球化进程产生实质性的影响。总的来说，世界的全球化进程是一个复杂的过程，一个政党或一个国家能够在这样复杂的过程中保持屹立不倒是需要智慧的。中国参与全球化进程的时间不长，中国从1978年改革开放之后才逐步深度参与到国际体系，2001年加入世界贸易组织才全面融入国际经贸体系。自此之后，中国经济不断发展，创造了现代化的中国奇迹，成为全球化进程当中最大获益者，这是需要一个国家、一个政党的智慧。

（四）跨国倡议网络

跨国倡议网络（transnational advocacy networks）的行为主体是复杂的，包括诸如国际和国内的非政府组织、社会运动、基金会、媒体、教会、商会、消费者组织和知识分子等。不过，这些行为主体并非都能够为全球化赋能，有的不仅不能赋能，而且是全球化坚定的反对者。因为，在反全球化的行为主体看来，全球化是"一种新的西方帝国主义模式"，甚至是"美国化"。跨国社会运动对全球化赋能的主要方式有：一是积极参与全球化和全球治理的具体实践，包括影响与参与制定行业规范，与相关的跨国倡议网络合作，共同制定生产经营活动中的人权保护协议，影响或操控某些国际公约，以及对一些国家进行游说，参与相应的国际协定以增进全球公益等；二是加强不同行为主体与政府之间关于全球化议题的对话，构成关于全球化的跨国倡议网络；三是以实际行动来影响政府，推动政府承担全球化的相应责任。例如，前不久有些中国学者、美国学者和政府前高官都致信美国政府要求加强中美合作，使全球化回归正道。当然，跨国倡议网络总体上对全球化的赋能是非常有限的，这与其手中所掌握的资源有直接关系。

被赋能的全球化产生了两种结果，一种结果是对全球化产生重要的加速作用。如果全球化依然是一种客观趋势的话，由于被资本、技术等强大力量赋能，这种客观趋势如虎添翼地席卷世界每一个角落。对全球化来说，在空间域上整个世界已经没有任何处女地。另一种结果是全球化因政府、跨国倡议网络的赋能而被政治与社会两种力量掌控，因而这种意义上的全球化彰显的是全球化主观的趋势。然而，这两种结果都分别使全球化的时间轴和空间域产生了严重的扭曲，而扭力正是来自对全球化赋能的主体性因素。对全球化时间轴的扭曲，增加了全球化内部要素特别是技术、信息等要素对全球化的影响，而这些要素则因缺乏科学伦理的规训而带来全球化的重大风险。特别是在以人为中心的前提下，技术会在"服务人"的名义下助推资本改变人类文明与"异类文明"共处、共生的环境。因此，雅斯贝斯说："人类技术给自然造成的面貌，以及这一技术过程又如何作用于人类，形成各条历史线索中的一环，通过这种方式，人类的工作方式、工作组织和环境发展改变了人类自身。"对全球化空间域的扭曲，虽然增加了全球化的"质地"，使全球化变得更加"丰满"，但也使全球化增加了不必要的"赘肉"，特别是某些国家政治价值和意识形态方面的强加，全球化就很有可能滑向"不当"管理且仅仅代表少数人利益的全球政治（cosmocracy）进程。

五、应对：全球化风险及人类的应对

被人为地赋能的全球化，其结果一定是不公平、不平衡，以及全球的分化。资本对全球化的赋能所导致的是全球范围内的贫富分化，而技术对全球化的赋能则是在贫富分化的基础上更增加了一道深深的数字鸿沟，进而给国际社会增加了更大的社会风险。尽管风险并非全球化的产物，但在技术对全球化赋能之后，社会风险更高了。尤其是随着战后核时代的到来，人们对风险的分析开始渗透到社会科学的各个领域。

贝克（Ulrich Beck）提出了风险社会理论。他认为，西方工业社会正在向风险社会过渡。工业社会为绝大多数社会成员造就了舒适安逸的生存环境，同时也带来了生态环境危机、核危机等足以毁灭全人类的巨大风险。这些风险不同于工业化以前人类遭遇的各种自然灾害，自然灾害并非人类的某些决策导致的，而工业社会的风险则源于人们的重大决策，是"被制造"的风险，风险的真相也常常被掩盖。一方面，在技术对全球化赋能的过程中，技术精英组织总会编织一大堆理由来证明技术赋能的全球化将为人类构造一个美好未来。另一方面，"财富—分配"社会的社会问题和冲突逐渐与"风险—分配"社会的相应因素结合起来，构成了新的分配原则——与财富分配原则相反的风险聚积，即财富在社会上层聚积，风险则在社会的下层聚积。也就是说，风险不是消除了阶级社会的阶层不平等，而是进一步加剧了这种不平等。因而，在贝克看来，反思现代性就成为全球化进程中不可或缺的一种逻辑。

对此，贝克同时提出了两种应对方式：

一种是自上而下的全球化，通过国际条约和国际制度来应对。不同国家与国家之间达成协议，确定下来的制度和国际规则成为一种国际公共产品。二战结束以来的国际制度其实就是大国主导下形成的国际公共产品。冷战时期，美苏争霸。苏联在联合国表决的基本原则就是"只要美国说是的，我们就说 No"，苏联驻联合国的代表就变成了 Mr No.。联合国安全理事会的新常任理事国本应承担维护世界和平安全的责任，结果该大国却把联合国演变成谋取自己国家利益的工具，大国主导下建立的国际公共产品也出现了一种私物化的倾向，陷入一种"公地悲剧"。特朗普上台之后也情况更是如此。美国本应该是国际公共产品的主导提供者，结果美国却要退出 WTO，退出 TPP 等，要废除二战后形成的这样一个国际体系。中国作为国际体系的后来参加者，反而是中国要维持联合国在全球治理中的权威性，维护 WTO 的权威性。美国作为国际体系的制定者反而要颠覆它、摧毁它，这是很不正常的现象。美国出现的这种倾向的确正在改变着世界，也改变着全球治理的方向。

第二种是自下而上的全球化，如新跨国行动者的亚政治运动的应对。各种跨国行为体，包括一些亚政治运动，促进全球化走向良性互动。但问题是国际非政府组织缺乏真正的实际行动资源，所以不能希望自下而上的运动能够改变全球化的方向，他们能够起到一定的呼吁作用。

六、结论与思考

面对风险的全球化或者说全球化的风险，人类在历史上走出困境的路径是技术创新即科学革命和技术革命。人类文明绝对不是也不可能消灭"异类文明"，而是通过技术创新来增强人类文明的"免疫力"，遏制"异类文明"的攻击力。从这两方面来看，[15]

—18 世纪的科学革命和技术革命是非常成功的。在当今，人类文明应对各种"异类文明"的进攻和各种风险的挑战，技术创新固然重要，而且也是必需的，但更重要的是全球化理论创新和制度创新。

人类文明中最重要的思想创新除了在轴心时代有一次重要突破以外，以后几乎再也没有第二次"突破"，即便如雅斯贝斯所说的人类历史的"第二轴心期"的"新普罗米修斯时代"，但似乎"仍十分遥远，隐而不露"。全球化在历经资本、技术、政治价值等因素的时空扭曲以后，将会在未来进程中继续遭受上述因素的扭曲，如果再附上人类不加约束的欲望的话，全球化依然在不可逆转中充满风险。而克服风险最关键的是思想理论创新，用创新的思想理论来规训技术，规训资本，规训政治和规训人类的欲望。文明扩张需要建立在某种秩序之上，而制度与思想是秩序的维护力量，制度创新就是在思想的引导下维护全球化"善"的未来。现阶段，不同的国家需要构建符合自己国家特色的独特的哲学社会科学，需要进行理论创新，并据以开展制度创新。这既是一种呼吁，也是一种使命。全球化到底该怎么走？全球化推动治理到底该怎么做？理论创新非常重要，只有理论创新才能推动制度创新，只有制度创新才能规训好技术的发展，使技术真正为人类服务，而不是为了征服人类。

（2021 年 4 月 6 日）

东欧的前生与今世

主讲人：孔寒冰

内容提要：东欧是一个地缘政治概念，大体上存于冷战期间，指欧洲二战分裂后与苏联以及与苏联模式的社会主义制度紧紧联系在一起的民主德国、波兰、匈牙利、捷克斯洛伐克、南斯拉夫、阿尔巴尼亚、保加利亚和罗马尼亚等八个国家。在地理位置上，前四个地处中欧东部，后四个地处东南欧。东欧从何而来？又到何处去？这些国家冷战之前、之中、之后的社会发展各有什么特点？其中的主线是什么？影响它们社会发展主要因素有哪些？通过纵向的梳理和对这些问题的回答，可以展示当今中东欧国家社会发展的曲折性、复杂性及其成因。

主讲人简介：孔寒冰，北京大学国际关系学院教授、浙江金融职业学院捷克研究中心主任，博士生导师，长期从事"世界社会主义理论与实践""中东欧政治与外交"等方面的教学与研究工作。承担过北京大学 120 年校庆规划项目"北京大学国际校友口述实录"，现正与北京大学国际合作部联合主持"北京大学国际合作交流史（1898-2018）"。前往过法国、德国、罗马尼亚、阿尔巴尼亚、波兰、匈牙利、俄罗斯、越南、日本、贝宁、南非、马达加斯加等国访谈北京大学国际校友或政要，已出版过相关著作有《寒冰访罗明》《从华学博士到驻华大使》《中罗两国的桥梁》《执着的汉语史学家》《"黑脚"的汉语之路》《在历史与现实中探寻中国》《中国，我的第二故乡》，发表的相关学术文章几十篇。

一、民族构成的复杂与不同文明的牵扯

比起与它同期相对应的西欧，比起与它相联结的苏联欧洲部分，东欧最独特之处就是地区的向心力比较差，社会发展主要受控于外部势力。造成这种特殊之处的原因，一是东欧地区的民族繁多、分布比较复杂，二是东欧民族受不同的文明的牵扯。

东欧地区的民族既包括政治体制和现代国家主权上强制划分的群体，也包括在历史传统和文化特征上彼此区分的群体。这两种群体在不同阶段各有侧重，但在更多的时期是交叉在一起的。东欧民族不仅数量多，而且使用不同的语言和信奉不同的宗教，因而构成就更加复杂。世界各地的语言与民族并不总是对应的，但在东欧则成了各民族的重要标识之一，基本上是什么民族讲什么语言。仅就主要民族的语言来说，东欧民族就有分属印欧、乌拉尔等两个语系，拉丁、斯拉夫、乌戈尔和阿尔巴尼亚等四个语族，西斯拉夫、南斯拉夫、阿尔巴尼亚、东拉丁和匈牙利等五个语支，共有波兰语、捷克语、斯洛伐克语、塞尔维亚—克罗地亚语、斯洛文尼亚语、马其顿语、保加利亚语、阿尔巴尼亚语、罗马尼亚语、匈牙利语等十种语言。如果再将其他少数民族的语言考虑在内，东欧的语言种类还要更多。

宗教是一种与人们对超自然力量的信仰相适应的社会文化现象，其社会功能除了可以解除人们的精神紧张，调节人们的思想、意识和行为之外，还可以整合社会。在佛教、基督教和伊斯兰教等三个世界性的宗教中，东欧主要民族所信奉的就占了两个，即基督教和伊斯兰教。在天主教、东正教、新教等基督教三大派中，东欧的主要民族所信奉的宗教也占两个，即天主教和东正教。在东欧的主要民族中，有的民族内部也有少数人由于种种原因信奉与本民族主要信仰不同的宗教，如一些塞尔维亚人信奉伊斯兰教，一些阿尔巴尼亚人信奉天主教或东正教，但是，大多数民族整体信仰的宗教是一样的。

语言和宗教对民族一方面可以强化民族的构成因素，通过共同的信仰增进人们对同一个民族的认同感。另一方面，它们又强化了民族的排他性，催生了不同民族之间的对立和冲突。比较起来，宗教由于自身的特点在这两方面的作用更为明显。处于天主教、东正教和伊斯兰教的交汇处的东欧地区成了几大宗教力量此消彼长的场所，从而使这一地区各民族间的关系比较紧张。

除了语言和宗教之外，东欧民族构成的复杂性还有两个表现。其一，东欧广泛地存在着许多其他民族，如土耳其人、吉普赛人、犹太人等等。其二，各种民族的交叉分布，这在东欧民族国家形成之后特别明显，如南斯拉夫的阿尔巴尼亚人，捷克斯洛伐克、南斯拉夫、罗马尼亚的匈牙利人，保加利亚的土耳其人，东欧国家中的吉普赛人等。西方学者将民族的这种分布状况形象地称为"马赛克"。[1] 捷克斯洛伐克和南斯拉夫分裂之后，

---

1   Stephen R. Bowers, "Ethnic Politics in Eastern Europe", London: Research Institute for the Study of Conflict and Terrorism, February 1992, p.9.

这种"马赛克"现象更显严重。东欧民族与宗教上的复杂性产生的直接后果，就是东欧作为一个整体缺乏认同感和凝聚力，不仅形成不了单独的文明区域，而且不同民族之间的矛盾与冲突比较多，各民族之间的彼此认同感就比较低。

与此同时，东欧的地理位置又特别重要，是连接欧洲东部和西部的桥梁和扼守欧亚非三大洲的咽喉要道，分属不同文明的东西方大国从古到今都十分看重对这个地区的争夺和影响，进一步分化了这里的民族和国家和弱化了东欧整体的内聚力。这些民族的肉体和灵魂被东西方不同文明撕扯。比如，捷克、斯洛伐克、波兰、斯洛文尼亚等民族在人种上与欧洲东欧的俄罗斯、乌克兰、白俄罗斯等民族一样，都是斯拉夫人，但宗教信仰的却是欧洲西部最流行的天主教。在巴尔干半岛上的斯拉夫人中，塞尔维亚、黑山、保加利亚等民族主要信奉东正教，斯洛文尼亚、克罗地亚等民族信奉天主教，马其顿人多数信东正教但少数信伊斯兰教。有西方血统的罗马尼亚民族主要信奉东方的正教，而有东方血统的马扎尔人（匈牙利人）信奉西方的天主教，巴尔干半岛的古老民族阿尔巴尼亚人则三种宗教都信。因此，长期以来，东欧的民族和国家摇摆和挣扎在西欧文明、俄罗斯文明和伊斯兰文明之间，在东西方大国厮杀和博弈中求生存。

二、东欧地区历史上的"强国"与近代的民族国家

东欧的民族和国家缺少地区向心力，还与它们的辉煌或悲哀的历史记忆相关。这里的民族有的是直接由当地的土著居民发展而成，有的是外来民族逐渐演化而成，而更多的是由前两者融合而成。不论哪种民族在其早期历史上都曾有过存在时间长短不一、大小不等、强弱不同的国家。在斯拉夫人的早期国家中，保加利亚王国出现得最早。681年，保加尔人打败了拜占庭之后建立了第一保加利亚王国，一直存在到1018年。[1]波兰在8—10世纪出现以城市为中心的维斯瓦、玛佐夫舍、波兰等公国。963年，梅什科一世在这些公国的基础之上建立了统一的波兰王国。这个王国兴衰交替持续了几个多世纪，直到18世纪末被俄普奥三国瓜分后才不复存在。830年，捷克人和斯洛伐克人建立了大摩拉维亚王国，只存在了76年。但在波希米亚，捷克人又建立了延续了七百多年的捷克

1　　不过，近年来，有的保加利亚学者提出，第一保加利亚王国是库勃腊特于632年建立的。参观
Божидар Димитров,*12 мита в българска история: Фондация.* КОМ, София, 2005г. с3。

王国。880 年，布拉尼斯拉夫建立了克罗地亚王国，一直存在到 1090 年。1200 年，斯提芬二世建立了统一的塞尔维亚王国。在非斯拉夫国家中，阿尔巴尼亚从公元前 5 世纪起就建立了恩凯莱、陶兰特、伊庇鲁斯和阿尔迪安等王国，但到公元前 3 世纪陆续消失了。1000 年，伊斯特万建立了匈牙利王国，存留时间长达五百余年。罗马尼亚的瓦拉几亚于 1290 年、摩尔多瓦于 14 世纪中叶先后建立了自己的公国。

然而，由于内外多方面原因，东欧的早期国家没有一个能够延续下来，能代表它们自身文明最高成就的国家发展全都中断了，没有像英吉利、法兰西、德意志、奥地利、俄罗斯等那样发展成世界性的大国。但是，这里的民族却不管有多么千辛万难始终生活在世界民族的大家庭之中，只是在自身发展的过程中都被打上了重轻不同的欧洲东部或西部的烙印。同交汇于此的世界性大文明相比，东欧的文明显得太弱小了；同承载世界性大文明的大国相比，东欧的早期国家大多也处于弱势地位，偶尔作大，那也是地区性的和暂时性的。除了伊利里亚的几个公国的时间比较早之外，东欧其余的早期国家都出现在 7—14 世纪。比较一下时间就不难看出，这也是罗马帝国（公元前 27 年—公元 395 年）、拜占庭帝国（330—1453 年）和土耳其奥斯曼帝国（1300-1922 年）兴起和发展的时期。奥斯曼帝国后延的时间虽然较长，但兴盛时期还是在 18 世纪中叶之前。这三个世界性大帝国在征服、统治东欧地区的时候，也强化或推行了它们的文明，如政治文明、宗教文明等等。面对这些强大的帝国和帝国文明，东欧地区的各个民族都进行过抗争，有时甚至还取得了暂时的胜利，但是大多数抵抗或者在抵制的过程中或者在失败之后，它们自身的文明不断褪色，而大国文明的色彩不断加重。

与此相联系，到了近现代，中欧和东南欧国家的社会发展更是笼罩在大国的阴影之中。甚至可以这样说，东欧地区近代民族国家的"生""死"和"怎样活"等重大问题都得由大国决定。东欧的民族只能听命和认命，而无力抗争。

欧洲民族国家是在文艺复兴以后开始形成的，历时两个多世纪。在西欧，原本封建制度发达而民族认同不强的国家随着封建王权的确立、国际法准则的形成和民族文学文化的发展，逐渐确立了以国家为框架的民族认同。但在东欧，由于历史上的早期国家一体化程度不强以及长期受异族的统治和不同文明的影响，这里的民族的政治发展并没有像西欧那样发生明显的变化。不仅如此，就在许多西欧民族国家崛起为世界性大国的时候，东欧各民族却处于东西方大国的压迫之下，为生存和独立而苦苦挣扎，直到 1878—1919

年间才陆续建立起民族国家。东欧民族国家的出现固然离不开各民族长期不懈地争取独立的斗争，但是，为它们开具"出生证"的却是东西欧大国。

摩尔多瓦和瓦拉几亚早在 1861 年底就联合成为统一的罗马尼亚并于 1866 年通过了相应的宪法。但是，欧洲各大国直到 1878 年 7 月才在《柏林条约》中正式承认，同时将比萨拉比亚划归俄国。保加利亚的"自治公国"地位也是《柏林条约》给予的，但在地域上只包括保加利亚北部和索非亚地区。阿尔巴尼亚 1912 年从俄、法、英、意、德、奥等六国外长在伦敦召开会议上获得了形式上的独立，但实际控制者还是六大国，其领土和人口都不及阿尔巴尼亚人所希望的一半。塞尔维亚—克罗地亚—斯洛文尼亚（1929年改称南斯拉夫王国）、捷克斯洛伐克、波兰、匈牙利等国的"出生证"则是被各大国"放在"了 1919 年的《凡尔赛条约》当中。《凡尔赛条约》的制定者根据自身的利益和需要规划了东欧各国的边界，因而使这一地区以民族、宗教、领土、历史为载体的文明更为复杂。欧洲各大国给东欧国家开具的"出生证"都带有种种限制条件，拿着这些"出生证"面世的中东欧国家或者有"内伤"或者是"肢体不全"的"残疾国家"。比如，《特里亚农条约》将匈牙利 3/4 的领土和 2/3 的人口割让给捷克斯洛伐克、罗马尼亚和塞尔维亚—克罗地亚—斯洛文尼亚，《讷伊条约》将保加利亚的西部马其顿地区分别割让给塞尔维亚—克罗地亚—斯洛文尼亚、罗马尼亚和希腊。由此造成的民族分布上的"马赛克"现象成为这些国家在相互关系上以及与大国的关系上难以愈合的"创伤"。表面上看，《凡尔赛条约》确立了东欧各国的独立主权地位并且划定了它们的疆界，但实际上这些的背后又潜伏着无限的危机。在这里，"很可能每五个人中就有一个是少数民族，其中一些人安于他们的境况，一些人从最初就吐露过他们的敌意，许多人在经历多年令人沮丧的不平等待遇之后，终于满怀怨恨"[1]。

三、大国交易与东欧的诞生

地缘政治意义上的东欧产生于第二次世界大战结束之后，其突出的特征就是与苏联紧紧绑在一起，故有"苏东""苏联东欧""苏东地区"等说法。可是，在第二次世界

1　［英］艾伦·帕尔默著：《夹缝中的六国——维也纳会议以来的中东欧历史》，于亚伦等译，北京：商务印书馆 1997 年中文版，第 214 页。

大战之前和之中，民主德国是法西斯德国的一部分，匈牙利、保加利亚和罗马尼亚站在法西斯一边，属于轴心国。波兰、南斯拉夫、捷克斯洛伐克、阿尔巴尼亚亲法国和英国，但都没能逃过被法西斯国家瓜分、占领的命运。其中，波兰还是被德国和苏联瓜分的。无论哪一类国家都没有与苏联结盟的。这些国家在政治体制上有的是资产阶级共和国，有的是君主国，德国还是法西斯国家。在经济体制上都是以私有制为基础，但发展程度上差别很大，有的是发达的工业国，有的是工业—农业国，有的是比较落后的农业—工业国甚至是农业国。

东欧这些国家不论是追随德意的，还是紧跟英法的，或是试图在德意、英法和苏联之间搞平衡的，在第二次世界大战中的命运都很悲惨。捷克斯洛伐克1939年3月被德国肢解，阿尔巴尼亚1939年4月被意大利占领，波兰同年9月被德国和苏联第四次瓜分，南斯拉夫1941年4月被德意占领。匈牙利在战争期间倾全国之人力、物力和财力支持德国，可当它在严重失败面前略有动摇的时候，1944年3月就被德军占领。罗马尼亚为了保住在《凡尔赛条约》从邻国获得的领土，20—30年代先是试图在东西方大国间搞平衡，后与德意结盟。然而，德国为了平衡匈牙利和保加利亚，1940年8月迫使罗马尼亚接受维也纳仲裁，将领土和人口的三分之一先后划归苏联、匈牙利和保加利亚。保加利亚为了实现领土收复和扩张在战争中与德国为伍，虽然进退都不像匈牙利那样尽力，但没能避免成为德国的"殉葬品"。

总之，这些国家二战前没有与苏联结盟的，在社会发展上与苏联模式的社会主义没有共同之处。然而，地理位置上东中欧和东南欧的这些国家怎么成了地缘政治上的东欧了呢？

有关国际共产主义运动史、世界社会主义等方面的著述都比较强调这些国家的某些共性的内在因素，如共产党的领导，人民的愿意，反抗或抵抗法西斯运动等等。毫无疑问，这些都是需要考虑的。但是，最重要的或许不是这些。比如，从共产党的力量角度说，在后来成为东欧的这些国家，共产党虽然在二战之前就存在了，但总体上说都是规模较小，处境艰难，活动有限。除了南斯拉夫和阿尔巴尼亚两国的共产党之外，其他国家的共产党战后初期在国内政治生活中还不占主导地位。另一方面，在后来成为西欧的那些国家，如意大利、法国和希腊等，共产党不仅人数甚众，而且拥有可观的武装力量。可是，这些共产党后来的命运却恰恰相反，东欧的共产党成为社会主义国家的主宰，而西欧的共产党只能在政党政治中求生存谋发展。

对于东欧的出现来说，苏美英等大国在战时的合作和战后的势力范围划分是关键的促成因素。

反法西斯战争胜利的主要原因之一是建立了国际反法西斯联盟，而苏美英则是这个联盟的核心。它们不是一般的国家间联合，而是奉行社会主义制度和奉行资本主义制度的东西方两类国家之间的合作。1941年苏德战争爆发后，苏联与英美正式结成了反法西斯同盟。它们在反法西斯战争中进行的合作是全方位的，同时也很复杂，自始至终伴随讨价还价并伴以明争暗斗。单从欧洲战场上的格局看，英美与德国的战场在中欧的西部和南部，而苏联同德国及其仆从国的战场在中欧的东部和东南部。1944年春苏联红军把敌军赶出国土后，越过苏波边境迅速向中欧和东南欧挺进。在这种背景下，1944年10月，丘吉尔和斯大林通过密谈就今后各自活动的区域、范围和程度的划分达成了默契，这就是后来所谓的"巴尔干百分比"。以后两国外长又多次协商，这个百分比的具体比例也有改动。最终，中欧的东部和除希腊之外的巴尔干半岛都属于苏联的势力范围。参见下表。

巴尔干百分比表

苏联在东欧的影响	丘吉尔—斯大林协定（10月9日）	莫洛托夫第一次修订意见（10月10日）	莫洛托夫第一个"一揽子计划"（不详）	莫洛托夫第二个"一揽子计划"（不详）	莫洛托夫第三个"一揽子计划"（不详）	莫洛托夫最后提议获得接受（11月）
匈牙利	50%	—	75%	50+ %	75%	80%
南斯拉夫	50%	—	75%	50%	60%	50%
保加利亚	75%	90%	75%	90%	75%	80%
罗马尼亚	90%	—	—	—	—	—
希腊	10%	—	—	—	—	—

资料来源：Charles Gati, Hungary and the Soviet Bloc(Durham [N.C.]: Duke University Press, 1986), p.31 。

苏联红军在追歼德国法西斯军队的过程中，先后解放了波兰和捷克斯洛伐克，消灭了匈牙利、保加利亚的法西斯势力，清剿了罗马尼亚境内的德国军队，配合南斯拉夫人民解放军解放了贝尔格莱德，没有到过的只有阿尔巴尼亚。战争结束后，波兰、捷克斯洛伐克和德国东部由苏联占领。匈牙利、保加利亚和罗马尼亚成了战败国，盟国在这些国家中设有管制委员会。委员会名义上由苏美英三国共管，但实际运作中却本着谁占领、谁负责的原则，起决定性作用的还是苏联。

四、东欧社会发展的主线

东欧的产生是美英苏大国之间博弈的结果，这里的民族和国家全部被西欧大国及其承载的文明所抛弃，被置于苏联的控制和影响之下，成为地缘政治上的东欧。政治、经济、外交等"硬联系"的"切割"容易，可文化上"软联系"的"切割"却不易。在冷战岁月中，几乎所有国家都以不同的方式进行过抗争，或者希望保留自身文明的某些特征，如建立具有本国特色的社会主义；或者希望回归西欧文明的某些方面，如建设具有"人道"面貌的社会主义。

1944—1948 年间，为了维持与西方国家结成的战争联系和维护在战后的既得利益，苏联没有支持甚至反对东欧国家迅速确立社会发展的苏联模式，而推行一种被称为是人民民主的社会制度。有学者指出："斯大林之所以让东欧国家建立人民民主制度，不急于实行社会主义，主要是从同西方国家关系的策略角度，也就是从苏联当时外交政策的需要考虑的。"[1] 其实，人民民主制度就是斯大林维持战时与西方大国合作关系的一种具体化。问题在于，西方国家，特别是美国出于对苏联共产党领导的社会主义制度的本能敌视和反感，再加上独霸天下的欲望，不可能将战时与苏联的合作持续下去。丘吉尔的"富尔顿演说"，凯南的"遏制政策"，马歇尔计划和杜鲁门主义等等都是针对或打压苏联的。

所以，苏联与西方国家战时联盟没能持续多久，很快就被1947年开始的"冷战"打破。"冷战"指的是 1947 年开始的美苏之间除了直接动用武力以外的一切敌对行为，范围涉及政治、经济、外交、思想、文化等各个方面。苏联同西方关系发生的变化反映在东

1　李宗禹等著：《斯大林模式研究》，北京：中央编译出版社 1999 年版，第 374 页。

欧政治发展上主要体现就是政治上实行了共产党的一党制，经济上实行公有制基础之上的计划管理，对外关系上完全倒向苏联一边，完成对与西方的"硬切割"与苏联的"硬连接"。从这时起，"东欧国家国内生活中清楚地出现了一种新的取向。那就是社会组织的斯大林模式"[1]，东欧国家发展的苏联模式化成了苏联彻底控制了东欧的标志，至此，真正地缘政治意义上的"苏东地区"正式形成。

在以后的四十多年里，东欧国家在内政和外交方面紧紧地依附于苏联，苏联则是加强对东欧政治、经济、文化、军事等各个方面的控制。原本充满多样性的、"万花筒"般的东欧被迫接受统一的苏联社会主义模式。东欧的独立自主诉求与苏联的大党主义、大国主义之间，从一开始就存在着矛盾与冲突。完全照抄照搬苏联模式、接受苏联的领导与尊重本国国情、实现本民族利益相违背，探索一条适合自身特点的社会主义道路、寻求主权独立和与苏联的平等关系又受时代条件和国际环境的制约。这样一来，冲破苏联模式、摆脱苏联的控制和要求独立自主就成了这一时期东欧社会发展的一条主线。

这些国家身上有多种反对苏联控制和苏联模式的基因。在无法公开抗争的环境中，这些基因常常以社会主义建设中的本国特色等形式表现出来。苏联出于自身发展的需要，随着时间推移也必须对体制中的各方面弊端进行改革，同时也要求东欧国家同步跟进以便牢牢地控制住东欧。原本就排斥这种模式的东欧国家当然乐不可支，不仅跟进，甚至在改革方面走得更远，企图摆脱苏联模式和苏联的控制。于是，改革就时常突破苏联所能够允许的底线。改革还是不改革，改革到什么范围和程度，实际上也都成苏联控制东欧的一种手段。

由于属"苏东地区"内部的事，苏联对东欧的控制甚至出兵镇压，西方国家只是袖手旁观，从没有从国家角度或国际法角度干预过，更不用说强行和用武力干涉了。当然，它们在舆论宣传上的攻击、明里暗中支持东欧国家的反对者等方面不遗余力。但是，这些毕竟拿不到台面上来。所以，在东西方大国关系和苏联控制不变的情况下，连接"苏东地区"的纽带就断不了，东欧国家怎么改革都不可能摆脱苏联控制和苏联模式。

1　Т.В.Волокитина, Г.П.Мурашко, А.Ф.Носкова, Т.А.Покивайлова, Москва и Восточная Европа.Становление политических режимов советского типа (1949～1953): Очерки истории.~ М.:РОССПЭН,2002г, с.56.

五、转型还是回归？

20 世纪 80 年代末 90 年代初，东欧各国相继发生了急剧的社会制度变革，即所谓的东欧剧变，其实质就是脱离了苏联控制和苏联模式，就是放弃马克思主义的意识形态、共产党的领导和社会主义制度。关于东欧剧变的原因，近二十多年来，世界上不同的人们怀着不同的心境做出了许多不同的解读。如果不作价值上的判断话，除了东欧国家内部政治、经济和民族等方面的深刻危机，一个不可忽视的关键因素就是苏联放松了对东欧的控制和放弃了苏联模式。这又反向地证明了东欧的社会发展受制于大国的事实。

戈尔巴乔夫 1985 年成为苏共新的领导人之后，面对苏联长期积累下来的重重内政外交难题，立即摆出一副与过去决战的架势，"竭力推行改革，力图使党内和本国人民相信，只有进行某些改革，才能使已经处于病态的经济不至于更加恶化"[1]。所以，他先是在 1985 年苏共中央四月全会上提出加速社会经济发展的战略，在 1986 年 2 月召开的苏共第二十七大上又明确地提出了根本改革经济体制的方针。1987 年，戈尔巴乔夫在《改革与新思维》一书中详细论述了自己的改革设想和对外政策的新思维。在前一方面，戈尔巴乔夫主张在指导思想上实行多元化，也就是苏共不再将马克思列宁主义作为唯一的指导思想；在政治上实行多党制和议会制；在经济上搞私有化，从根本上改变苏联的经济基础；在军队里搞非党化和非政治化。在后一方面，戈尔巴乔夫提出战争不再是政治的继续，用普遍安全取代军备竞赛；两种社会制度国家应当和平共处，国际关系应非意识形态化；全人类利益高于一切。不难看出，与以前苏联领导人的改革不同，戈尔巴乔夫实际上是在颠覆苏联模式。

在这种"新思维"的指导下，戈尔巴乔夫一改苏联以前控制东欧的做法，主张在"自由选择""绝对平等"和"互利合作"的基础上发展苏联同东欧国家的关系。1987 年 11 月，戈尔巴乔夫在庆祝十月革命 70 周年的报告中明确地提出了苏东关系的新的基本原则："这就是绝对的完全平等，这就是执政党对自己国家事业的负责精神，从爱国主义的角度服务于本国人民；这就是对社会主义共同事业的关心；这就是互相尊重、严肃对待朋友取得的成就和进行的经验，以及进行自愿的多种形式的合作；这就是大家都严格遵守和平

1　[美]达斯科·多德尔等著：《戈尔巴乔夫——克里姆林宫的异教徒》，隋丽君、施鲁佳译，北京：新华出版社 1991 年中文版，第 194 页。

共处原则", "社会主义没有, 也不可能有供所有人学习的'模式'"。[1]

戈尔巴乔夫不仅推动苏联放弃了苏联模式、共产党的领导和社会主义制度, 而且鼓励和支持东欧各国摆脱苏联模式。比如, 他赞成波兰实行多党制, 甚至认为波兰的改革就是苏联改革的"当今和未来"。[2]匈牙利正式决定实行多党制后, 戈尔巴乔夫认为这是对苏联改革的巨大支持。再比如, 戈尔巴乔夫对试图坚持苏联模式的保加利亚、罗马尼亚和捷克斯洛伐克等国领导人提出批评和谴责, 明确表示"凡是主张保留原来由党控制的'行政命令'制度的东欧国家领导人, 苏联不再给予支持"。[3]正是在戈尔巴乔夫的鼓励和支持下, 上个世纪 80 年代东欧才有可能发生以放弃共产党领导和社会主义制度为主要特征的剧变。其实质不仅抛弃苏联模式, 而且中止了对苏联一边倒的对外政策。没有苏联自身的变化和它的允许、鼓励和支持, 东欧国家不可能将苏联与它们自己紧紧绑在一起的纽带挣开, 即单靠自己的力量不可能摆脱苏联模式。

更为重要的是, 在这过程中, 苏联于 1991 年底解体, 分裂成俄罗斯联邦等十五个独立主权国家。在控制了东欧近半个世纪的大国不复存在的同时, 二战之前控制东欧地区的西欧以及美国启动北约和欧盟东扩, 将这些国家拉入自己的怀抱。对东欧国家来说, 由于摆脱了在过去近半世纪牢牢控制它们的苏联和苏联模式, 原本就没有彻底消失的"西欧基因"重现并且主导了"返回欧洲"的社会发展进程。于是, 东欧国家似乎不仅回到了第二次世界大战结束之前, 甚至回到了第一次世界大战结束之前。

民主德国于 1990 年 5 月与德意志联邦共和国(联邦德国)合并成新的德国。南斯拉夫于 1991—1992 年间解体, 斯洛文尼亚、克罗地亚、波斯尼亚和黑塞哥维那、马其顿先后宣布独立, 塞尔维亚和黑山则组成南斯拉夫联盟共和国(南联盟)。2003 年 2 月, 南联盟改称塞尔维亚和黑山。2006 年 6 月, 塞尔维亚和黑山分手, 成为两个独立国家。1993 年 1 月, 捷克斯洛伐克联邦共和国正式分离为捷克和斯洛伐克。至此, 原东欧 8 国演变成了大大小小 13 个国家。[4]

---

1   [苏]米·谢·戈尔巴乔夫:《十月与改革:革命在继续》, http://sshtm.ssreader.com/bookinfo. aspx?ssid=11362717&lib=17(2008.06.20)。

2   参见林军《俄罗斯外交史稿》, 北京:世界知识出版社 2002 年版, 第 420 页。

3   [英]雷切尔·沃克:《震撼世界的六年——戈尔巴乔夫的改革怎么葬送了苏联》, 张金鉴译, 北京. 改革出版社 1999 年中文版, 第 210 页。

4   根据"科索沃感谢你网站"(www.kosovothanksyou.com), 截止到 2014 年 7 月初, 世界上已有 108 个国家承认它的独立, 但包括俄罗斯、塞尔维亚、希腊、西班牙、罗马尼亚在内的近 100 个国家尚未承认科索沃独立。由于中国迄今为至尚未正式承认科索沃独立国家的地位, 所以, 本文暂不把它作为一个独立国家。

东欧剧变之后的国家或剧变之后新诞生国家都不再实行社会主义的政治和经济制度，价值取向上都从马克思主义转向自由主义和民族主义，绝大多数国家的对外政策也从对苏联的依附转向美国和西欧。与此同时，作为一个独特的地缘政治区域的东欧成为东中欧和东南欧两个地理区域。在称谓上，各种相关研究文献中出现了"中欧""另一个欧洲""中间地带""中东欧"和"后社会主义"等各种说法，但最流行的称谓是"中东欧"。没有了冷战的藩篱，没有苏联的阴影，没了马克思主义的意识形态，没有社会主义的政治和经济制度，中东欧国家都不再有任何共同的硬性约束，在社会发展的各方面上五色缤纷，差异性非常突出。

在政治制度上，中东欧国家都一改单一的共产党执政、实行单一的苏联模式的现状。政党是多元的，其中的不占主导的社会主义政党也是多元化的了。除由原共产党演变或分裂而来的社会民主党、社会党以及坚持信仰不变的共产党外，这个地区还出现了许多重建的或新建的社会民主党、社会党、共产党以及其他类型的社会主义政党或团体。与此相适应，这些社会主义政党中虽然有坚持传统马克思主义的，但更多的信奉民主社会主义或社会民主主义。即便是民主社会主义，不同国家的社会主义政党或同一国家不同的社会主义政党也因在社会上和选举中所处的地位往往做出了各自的解释，国别性、民族性和政党性特点比较鲜明。总结地说，社会主义政党也不再是中东欧占主导地位的政党，而是多种类型的政党之一。除社会主义政党之外，这些国家更多的还是极右翼、右翼、中右翼和中派政党等类型的政党。同时，社会主义不再是这些国家的唯一的意识形态，而只是若干种"主义"之一。除社会主义之外，这些国家中还有自由主义、保守主义、民粹主义、民族主义等等。多元化社会主义思想淹没在各政治思潮当中，多样化的社会主义政党生存于不同类型政党中间。

在经济发展上，中东欧国家以私有制为基础的市场经济都已经确立起来，但发展和完善的程度并不相同，在此基础之上呈现出的经济发展状况也不一样。比如，从 2013 年的人均 GDP 上就可看出它们之间的差别。斯洛文尼亚最高，为 22657 美元。人均 GDP 在两万美元以下一万美元以上的国家有五个，捷克是 19243 美元，斯洛伐克是 18089 美元，克罗地亚是 13655 美元，匈牙利是 13344 美元，波兰是 13075 美元。其余七国人均 GDP 都在一万美元之下，罗马尼亚是 8778 美元，保加利亚是 7582 美元，黑山是 7318 美元，塞尔维亚是 5667 美元，马其顿是 5050 美元，波黑是 4866 美元，阿尔巴尼亚是 4108 美元。[1] 笔者曾经比较深入地访问过所有这些国家，GDP 排名靠前的六个国家中，老城、老房屋、老街道保存得都很完好、完整，新城、新楼房、新马路修建得都比较整齐、漂亮和宽阔。公共交通设施比较完善，档次也较高。窗口行业设施比较完备，服务也非常周到，现代化气息比较浓厚，人们的开放度也比较高。后七个国家的城市基础设施都比较陈旧和落后，现代化气息比较淡，但开放度都比较高。当然，人均 GDP 并不能完全反映这些国家的经济发展状况。在这些国家中，相当多的人在海外打工，每年会将大量资金汇回或带回国。这部分钱不计在 GDP 之内，而算在 GNP 中的。例如，阿尔马尼亚 360 多万人中有 100 万在意大利、希腊、德国、法国及西欧的其他国家打工，每年带回或汇回阿尔巴尼亚的资金在十亿美元左右。类似的情况在其他小国中也普遍存在，对这些国家经济发展的影响是很大的。

在"返回欧洲"程度上，中东欧国家之间的差别也是比较大的。波兰、匈牙利、捷克、斯洛伐克、斯洛文尼亚、罗马尼亚、保加利亚既加入了北约又加入了欧盟，阿尔巴尼亚只加入了北约，克罗地亚只加入了欧盟。波兰、匈牙利、捷克、斯洛伐克、斯洛文尼亚加入了申根区，其中，斯洛文尼亚和斯洛伐克还是欧元区成员。马其顿、塞尔维亚、黑山和阿尔巴尼亚都已获得了欧盟的候选国地位，克罗地亚是北约的战略伙伴。虽然有个别国家（如塞尔维亚）对北约心存怨恨，但是，中东欧的所有国家要求加入欧盟，如今多数国家已实现了这个目标，其余的正朝这个方向努力。

六、总结

综上所述，由于地缘政治和地理位置上的重要性，东欧从古到今都被周边大国作为称霸欧洲和称霸世界的重点或起点。这里的民族或国家虽然时常卷入国际政治的漩涡，可从来不是主角，只能是配角或牺牲品。大国在划定势力范围和构建世界体系的时候以自身的利益为重，极少考虑东欧民族或国家的利益与诉求，多半将它们当作相互之间讨价还价的筹码或争夺和控制的客体。这种国际政治现象时至今日仍有极强的穿透性，还影响着中东欧国家的内政外交。就东欧近代民族国家而论，它们的诞生是大国战争的结果，

1　数据来源：国际货币基金组织官网。

在后来的发展带有"集体漂移"的特点。它们在第二次世界大战之前受制于西欧,第二次世界大战结束后受制于苏联,冷战结束之后又受制于西欧和美国。这种"受制"不仅是外交上的倒向,更重要的是社会发展模式的锁定。在漫长的历史发展过程中,东欧既没有彻底征服,也没有完全独立。东欧的前生与今世如此,未来又会怎样?这是一个非常值得进一步研究的问题。

（2021 年 5 月 11 日）

走进中东欧
——中东欧国情点滴

主讲人：霍玉珍

内容提要： 本讲座从中东欧国家的基本国情说起，以"122344"脉络逐一呈现中东欧国家的优势、特点、差异，涉及其历史、文化、民族特性、工业、农业、科教、卫生等多领域。基于此，又从地理位置、自然禀赋、人文交流、体制转型、创造发明、社保体系、安全稳定等多视角梳理、概括了中东欧国家的共性、包容性和可塑性。

中东欧是我外交生涯起步的地方，我的大半生在欧洲度过，先后在中东欧地区学习、工作、生活近 40 载，所见所闻及亲身经历的人和事着实不少，今天我愿与大家分享一些其中的故事。

主讲人简介： 霍玉珍，外交部前中国—中东欧国家合作事务特别代表，浙江金融职业学院捷克研究中心首席专家。曾任中华人民共和国驻捷克共和国大使馆参赞、中华人民共和国外交部欧亚司副司长、欧洲司副司长，中华人民共和国驻捷克共和国特命全权大使，中华人民共和国驻罗马尼亚特命全权大使等职。

一、中东欧地区的政治与地缘概念

正如大家所知，欧洲共有 40 多个国家，一说 46，二说 44。区别在于如何划分俄罗斯和土耳其这两个横跨欧亚大陆的国家。但无论怎样计算，欧洲都是国家小而多，文化底蕴深厚，且经济相对发达、文明程度厚重、科技水平较高的大陆。我们今天要谈的这批国家也算是欧洲大户，共 16 国，占欧洲的三分之一强。人口 1.23 亿，面积 133 万平方公里。上个世纪中叶人们将这一地区称为东欧，是因其曾隶属前苏联东欧社会主义阵营和华约组织，且当时的东欧亦是针对西欧的某种政治概念。1989 年苏东剧变后，各国更多从地缘角度将欧洲划分为东、西、南、北、中。就地缘而言，这一地区国家地处中东欧，历史相连，语言相近，文化相融，发展水平大致相同，彼此间联系密切，是欧洲版图中的特殊板块。

二、何为中东欧？

为便于梳理、记忆，我用"122344"来概括：

（一）欧洲文明摇篮——希腊

（二）黑海上的两颗明珠——罗马尼亚和保加利亚

（二）琥珀之乡——爱沙尼亚、拉脱维亚

（三）地中海之星——阿尔巴尼亚、克罗地亚、斯洛文尼亚

（四）欧洲心脏 V4 集团——波兰、捷克、匈牙利、斯洛伐克

（四）前南四国——波黑、黑山、北马其顿、塞尔维亚

三、中东欧各国的优势、特点、差异

（一）欧洲文明摇篮

提起希腊，大家就会自然联想到神，古希腊神话、神庙、女神雅典娜、主神宙斯等等。神是人们对文明的向往，是对正义与邪恶的定义；作为古代文明的发源地，希腊对人类的贡献功不可没。苏格拉底、柏拉图、亚里士多德的哲学思想及其名言金句始终在激励现代人不断奋进。"认识你自己""知识是精神食粮""吾爱吾师，吾更爱真理"均对人们在追求人生价值和研发、创造方面具有指导意义；团结、创新、拼搏向上的奥林匹克精神迄今仍在全球影响深远；今日希腊依然是世界海运大国，船王拥有 5000 只商船，位居世界第二，总运力 1 亿吨，全球第一，它还是小国"海霸"，"堵住"了四个国家的出海口；希腊战略地位重要，三面环海、连接亚非欧三大洲，提升并扩展了亚欧的互联互通水平。

（二）黑海明珠

保加利亚系闻名于世的"玫瑰王国"。玫瑰精油素有液体黄金之称。产品占世界60%，大马士革极品玫瑰，品种奇特，产油量高。香水等化妆和护肤品繁多，且物美价廉；保加利亚人曾属游牧民族，正是在放牧过程中不经意间发明了酸奶。现向全球出口多种酸奶菌种，包括莫斯利安品牌酸奶发酵所需的益生菌种，各类乳制品受到各国青睐（含乳杆菌和嗜热链球菌）；农业优势明显，盛产蔬菜水果，矿泉水清甜可口、葡萄酒质量极佳；历史悠久，西里尔与麦多迪兄弟创造了古斯拉夫文字，保语属东斯拉夫语支；民族平和、朴实，虽受奥斯曼帝国统治五百年，仍始终保持本民族语言、文化的传承延续；"点头"不是，"摇头"是，系保加利亚民族的突出特点。

罗马尼亚被誉为"欧洲粮仓"。其地形独特（形如人的臀部），山地、丘陵、平原三分天下，可耕地、牧场面积大，质量好，尤以多瑙河三角洲最佳，土地肥沃，自然禀赋优良，当地人对土地质量的比喻是："插根铅笔都能长出树来"。若罗全国开足马力种田，可生产供一亿人口食用的粮食；气候宜人，适于人居，更是野生动物的天堂（棕熊、寻鹿、野鸡、狐狸成群）；葡萄酒酿造历史悠久，可追溯到4000多年前，人称葡萄酒故乡，产量为欧洲第五，全球第八；喀尔巴阡山、黑海、多瑙河统称为国家三宝，环境优美，物产丰富；罗系被斯拉夫民族环绕的"拉丁岛"，语言文化受意大利、法国影响颇深，民族谦和、热情、友善。

（三）琥珀之乡

1. 爱沙尼亚属波海小国。就人口而言，中国恰是该国的1000倍；靠近北欧，民族多寡言少语，唯独唱歌例外，且是其民族最爱，直至唱出了非物质文化遗产。首都塔林拥有万人同时演唱的歌咏场，台上台下联动，场面宏大壮观，声音响彻云霄；全球数字化程度高，且IT、网络技术、应用、安全处于世界领先水平。Hotmail、Skype均属爱沙尼亚的创新成果；系全球开启电商业务最早的国家之一，1986年即实践电商服务；重视科教兴国，著名学府塔尔图大学，建校时间早于哈佛大学，符号学全球排名第一，生命科学亦在欧洲名列前茅；琥珀系波海沿岸国特产，爱沙尼亚更拥有成色上乘的墨绿琥珀，且加工精细，造型美观。

2. 拉脱维亚被称为"波罗的海跳动的心脏"，位于波海三国之中，交通便利，物流业发达；历史悠久，文化积淀厚重，名胜古迹吸引众多游客。古城里加享有"欧洲美人、北方巴黎的美誉"；施丹兰护肤品由纯天然新鲜花卉融合传统和现代科技加工而成。产品上个世纪末进入中国市场，现已在中国合资生产；全民注重保健，其特产黑药酒远销国内外，颇具疗效。与其组成"三黑"的黑面包、黑巧克力亦独具特色；作为全球主要琥珀产地国之一，拉脱维亚琥珀块头大、色彩多样，以盛产珍贵的包体琥珀而闻名；民族能歌善舞，潇洒奔放。女性精明睿智，且高层领导颇多。男女比例欠平衡，女性多出男性 3%—4%。

（四）地中海之星

1. 阿尔巴尼亚坐落在亚得里亚海东岸，被称为"山鹰之国"。人们崇拜山鹰，认为鹰浪漫、自由、智慧、勇敢。斯坎德培是阿历史上御敌于国门之外的民族英雄，因此被视为阿国山鹰；昔日阿反苏抗美，唇枪舌战，不甘示弱，碉堡林立，迄今犹存。今朝以加盟入约为国家战略目标，现已加入北约并成为欧盟候选国；阿虽国小力单，资源有限，但盛产油橄榄，质量上乘; 分享欧盟自由流动实惠，国民通常出国打工，旨在改变家乡面貌，提高民众生活质量；其地理位置处在欧盟与非欧盟国家交汇处，一度成为走私和窝藏盗窃汽车的天堂。

2. 克罗地亚由众多小岛组成，人称"千岛之国"，是中东欧国家海岸线最长的国度；杜布罗夫尼克海滨城市是享受阳光、海水、绿阴，看海、看船、看云的良地。16 湖国家公园自然风光秀美，游客络绎不绝；盛产红珊瑚，色泽鲜艳，质地纯正；心型姜饼是克罗地亚特产和用"心"表达诚意的高端纪念品，手工制作，独具匠心；领带是克罗地亚的发明创造，每年均举办"领带节"，以再现系着红色领巾的战士从战场凯旋的场景。

3. 斯洛文尼亚是充满爱的国度，Slovenia 在英文里含有"love"字母，表示爱祖国、爱人民、爱自然、爱他人，更是斯洛文尼亚民族融化在血液里的爱人爱物特点；素有"欧洲绿宝石"美誉，整个国家宛如一片茂密森林，占国土面积的 66%，树种繁多，木材加工业发达；喀什特地貌是该国又一特色，其研究所属全球颇具权威的研究机构，学术成果使全球受益；布莱德冰湖、玫瑰港（地中海风情）、博斯托伊那溶洞等世界自然遗产每年吸引大量游客；国家小巧玲珑，精致紧凑，人口不多、面积不大，但人均 GDP 名列中东欧各国之首。

（五）欧洲心脏维谢格拉德（简称 V4）集团

1. 波兰是中东欧地区大国,人口、面积、国民生产总值均位列地区榜首; 一向亲美疏俄,尤其对美存有特殊情结，在美侨民多达上千万；民族认同感及自信心极强，常以大国自居，善于出头冒尖，原波兰总理图斯克曾任欧洲理事会主席，跻身欧盟高层；拥有悲惨的三次亡国史，但始终英勇不屈，韧劲十足、自强不息；名人荟萃，哥白尼、肖邦、居里夫人等名人为世界做出了重要贡献。仅20世纪就有显克维奇、莱蒙特、米沃什、希姆博尔斯卡四人斩获文学诺奖；美女如云，阿娜多姿，玛祖卡舞蹈享誉全球；波兰美食饺子与中国饺子相似，野牛草伏特加（Zubrowka）的纯度和知名度处在同一高度，蕾丝制品作为波兰的非物质文化遗产广受国内外消费者青睐。

2. 捷克系中东欧地区工业国，尤以重工业及机械制造业见长：教练机、被动式雷达、斯柯达汽车、拔佳鞋业、施华洛世奇水晶、啤酒等小有名气；虽然该国农业人口仅约5%，但农业对GDP的贡献率较大。仅以土豆为例，捷克培育了150种土豆，包括罕见的黑土豆，由此折射出产学研结合、转化的重要性；捷克民族擅于标新立异，我行我素，具有创新特质，发明隐形眼镜，诞生"遗传学之父"；文人辈出，"好兵帅克""生命中不可承受之轻"等文学作品给世人以回味、启迪；酷爱音乐，"每个捷克人都是乐师"，德沃夏克等音乐三杰留下不少传世之作；民族潇洒浪漫，桀骜不驯，喜欢讽刺挖苦，黑色幽默；全民投身各种运动，爱好足球、网球、冰球、滑雪、射击运动；拥有多个世界级文化遗产，布拉格被誉为古建筑博物馆，古色古香，尖塔林立，宛如童话世界，素有"金色布拉格之称"。

3. 匈牙利民族远居欧洲却独具东方特点，不仅黑头发黄眼睛者不乏其人，而且体内的胎记亦与东方人相同，甚至认同系匈奴后裔之说，语言独特难学，姓氏与中国人相近；民族聪明智慧肯吃苦，发明魔方、计算机、维生素等，坚持阅读，每年人均读书50本。诺奖获得者全球人均最多；风光秀丽，自然条件极佳，文物古迹众多，旅游业发达；属欧洲第二大温泉国，80%的国土之下均有温泉流淌，巴拉顿湖是稀有的暖水温泉湖，每天6亿升温泉水喷涌而出，成为匈牙利人心中真正的"大海"；拥有多瑙河平原，大部分国土面积海拔不足200米；托卡伊贵腐酒、鹅肝、香肠、海兰德瓷器闻名于世。

4. 斯洛伐克系多山的内陆国，拥有海拔2655米的中东欧地区最高峰。喀什特地貌群（洞穴）景色优美，生态环境良好；高岭土储量丰富，温泉、冷泉密布，尤以泥疗效果最佳；首都布拉迪斯拉发是全球唯一地处三国边境的城市。虽然国土面积仅逾5万平方公里，但却拥有7000多个独具特色的各类城堡，旅游业发达；国民酷爱体育，滑雪、皮划艇、射击运动，享有冰球之国美称，2022 年北京冬奥会期间获冰球项目世界前三；美食特产羊奶酪、松子酒、烤鹅系游客首选；按人均计算，亦是世界高档汽车生产大国，首创"会飞的汽车"；民族坦诚直率，朴实友善，说到做到，言行一致。

（六）前南四国

1. 波黑系欧洲特殊国度，全球唯一一个非完全概念的主权国家形态，即一个国家、两个实体（波黑联邦和塞族共和国）、三个民族（波什尼亚克族、塞尔维亚族、克罗地亚族）、四种宗教（伊斯兰教、东正教、天主教、少量犹太教）；代顿协议签署后波黑由联合国托管，现为欧盟维和部队代管；政府称部长会议，体制独特，三位领导人集体共治，轮流坐庄；首都萨拉热窝历史悠久，系一战起源地和旅游胜地；体育运动底蕴深厚，尤以冰雪运动最佳，早在 1984 年就曾举办冬奥会。

2. 黑山是中东欧微型多山之国，人口仅62万，面积不足1.4万平方公里，但特点突出，优势明显。国家因山与松特有的暗青色得名；自然生态极佳，植物品种繁多，田园牧场，山水相连，尤以湖光山色秀美著称；拥有全球最多的地下河流，水量充足，矿泉水取之不尽，故有"猪都喝矿泉水"之说；民族英俊潇洒，人均身高1.8米，但民众多习惯慢节奏工作方式，颇会享受生活。

3. 北马其顿位于巴尔干半岛交汇处，地缘位置重要；文化底蕴深厚，基里尔兄弟最早在此传播斯拉夫文化（与保加利亚存在争议）；奥赫里德湖系世界自然遗产，为北马其顿和阿尔巴尼亚两国共同拥有。其坐落在海拔近千米之上，属于山顶湖，亦是欧洲少有的无污染淡水湖；美食油饼与中餐相同，葡萄酒、香肠远近闻名；独立后将加盟入约作为外交优先方向，现已成为北约第 30 个成员国，且欧盟已决定与其开启入盟谈判，未来可期。

4. 塞尔维亚被称为巴尔干心脏。民族骁勇善战，不屈不挠，留下许多可歌可泣的英雄事迹；拥有号称欧洲最大的东正教堂，其动工建设已近 1000 年，迄今尚未竣工，但每年仍吸引大量游客前来观光；自然禀赋颇佳，多瑙河几乎流经全境，土地肥沃，牧场分布均匀，农业发达，肉产品齐全；塞曾为前南联盟中心，现继续前南传统，坚持中立政策，与各国保持友好合作关系，然已无昔日辉煌，在中东欧未入盟国中进展缓慢。

四、中东欧的共性、包容性与可塑性

（一）多方影响下的中东欧

中东欧地区战略地位重要，历来为兵家必争之地，夹缝中求生存系地区国家的无奈之选；各国间历史、文化、语言、习俗、宗教相似相近，彼此有着千丝万缕的联系；依附性、两面性、摇摆性突出。相互间既有互帮互助，抱团取暖，又互不买账，各有打算，诉求、期望各异；次地区及地区各国间矛盾难解，为维系区域社会、经济发展、稳定、安全，不得不相互包容、退让；面对大国影响、施压，地区各国左右逢源，努力实现国家利益最大化。乌克兰危机爆发后，中东欧国家恐惧心理加剧，反战情绪高涨，此举与其所处地理位置、历史渊源、民族特性、地区形势发展密切相关。

（二）"回归欧洲"后的中东欧

地区国家剧变后，开启转型、转轨、转制已逾 30 年，实行三权分立、多党议会民主制，完成了私有化进程，完全按欧盟标准行事，成为欧洲新经济体；军事上除个别国家外，全部加入北约，实现了国家安全保障，军队统一培训、调配；履行欧盟义务，部分让渡主权，奉行外交、安全统一政策。

（三）照搬欧盟法律，突出"人权、自由、民主"

地区国家从法律层面与欧盟保持高度一致，认真执行《里斯本条约》。各国设立人权专员，强化言论和新闻自由，废除死刑。

（四）地区国家宗教各异，信众颇多

中东欧多有信教传统，且以天主教、东正教为主，虽大多数人并非虔诚教徒，但旨在寻求精神安慰和长远寄托，相信世界会更好。东南欧少数国家伊斯兰教信教群体占据主体，信众理智、通达、温和。就宗教对地区国家的社会、经济贡献看，天主教信众居住地区的科教、人文综合水平高于东正教地区，而东正教地区又较伊斯兰教地区进步、发达；剧变后，地区国家多依托教会传播信仰，促进社会安定和谐。

（五）重视教育、创新，突出科技成果转化、应用

地区国家具有教育传统，这里不仅是古斯拉夫语的发源地，更有教育学家考门斯基对世界教育的巨大贡献。其创造的《大教学论》，即学龄前、小学、中学、高中、大学

直至终身教育模式，及其发明的图文并茂、声文并茂绘本，迄今仍在全球广泛使用。地区各国对教育的年投入比例居欧洲前列，多实行10—13年制义务教育，而职业教育又是各类教育中的一大特点，成效显著；各国一向支持、鼓励革新创造，尤其重视产学研结合与科技成果转化的社会经济效益。

（六）注重社会公德，健全社会保障体系

地区国家普遍老龄化严重，推进社会关爱弱势群体建设富有成效。政府在强化对老年人一对一服务的同时，更注重社会各界对公德的培育、弘扬，激励并支持年轻人从事人文关怀服务工作；东西方文化背景不同，法律、习俗有别。在欧洲，子女无赡养父母义务，相关社会服务由社会保障体系提供。相反，无子女者向国家缴纳的税收明显高于有子女者，且退休年龄晚于育龄者；全社会提倡尊老爱幼，帮助单亲母亲，鼓励女性多生儿育女，争当"英雄母亲"。

（七）能歌善舞、酷爱体育、名人荟萃

地区国家各民族多奔放浪漫，能歌善舞更是其先天特质。每年各国均不间断地举办各类歌舞节、音乐节、戏剧节等国际赛事，弘扬民间文化艺术活动，支持国际人文交流；体育运动系地区各国民众工作、生活的重要组成部分，尤以球类、冰雪运动见长。网球大满贯冠军德约科维奇及克罗地亚足球格子军团在中国家喻户晓。北京夏季奥运会首枚金牌曾被中东欧国家运动员夺得。今年冬奥会该地区国家亦有不凡表现，斯洛文尼亚跳台滑雪运动员摘得地区国家首金；地区国家的科学家、艺术家、作家、诗人辈出，从裴多菲的《自由与爱情》到普实克的《中国——我的姐妹》，再到埃米内斯库的《金星》等诸多名人的名篇力作为国人所熟知、传颂。

（八）风景秀丽，自然条件得天独厚

在地球村，欧洲自然条件可圈可点，气候宜人，适于人居。冬天不冷夏天不热，无雨季，无大旱，无大灾，农民幸福指数颇高，基本靠天吃饭；中东欧地区顾名思义地处中、东部，四周有三海环绕，区内江河湖泊众多，温泉岩洞林立，水量充足，水产品有余；森林植被覆盖率高，占国土面积的35%—66%不等，木材资源丰富，加工业先进；土地肥沃，可耕地及牧场面积大，传统耕作技术融合现代科技，产量高，效益好，可持续强。

（九）中东欧社会治安相对稳定

正如中东欧领导人所言，与西欧德、法、英、意大利等国相比，中东欧"是欧盟的安全港湾"，非恐袭目标和难民最终目的地。尽管抗议示威时有发生，但均在法律框架内进行，组织者需事先按照当地法律法规登记、申请，恶性事件相对较少。

以上是中东欧国情中的零星故事，也是我个人对这一地区的观察、感受和粗浅认识，肯定是挂一漏万，未能勾画出其全貌，但因时间关系也只能分享到此。

谢谢大家！

（2022 年 3 月 31 日）

大国之间的中东欧

主讲人：高歌

内容提要：处在大国之间的中东欧国家如何生存和发展？讲座将一百多年来中东欧国家的发展划分为三个历史时期，讨论不同历史时期有关中东欧国家的三个问题：中东欧处于哪些大国之间？大国如何对待中东欧？大国之间的中东欧国家选择了怎样的发展道路？从中东欧国家的发展历程可以看出：它们始终处于大国之间，大都仰仗大国和大国集团的保护，其发展易受国际关系变动的影响，并且多移植外来模式。

主讲人简介：高歌，中国社会科学院俄罗斯东欧中亚研究所转型和一体化理论研究室主任、研究员、博士生导师。中国俄罗斯东欧中亚学会常务理事、国务院发展研究中心欧亚社会发展研究所特聘研究员。研究方向为中东欧国家政治与外交。出版专著《东欧国家的政治转轨》，主编《从"16+1"到"一带一路"：合作·发展·共赢》，参与撰写《中东欧转型 20 年》《中东欧转轨 25 年观察与思考》《原苏联东欧国家政治转轨比较研究》《曲折的历程：中东欧卷》《欧洲的分与合：中东欧与欧洲一体化》等多部著作，在国内外学术刊物上发表论文 50 余篇。

一般而言，我们在谈论国际关系时，主要关注的是大国和大国关系。即便提及小国，也是把它们作为大国争夺的客体。本文把中东欧国家这些很少被注意到的小国作为主体，观察这些小国如何在大国博弈中生存和发展。

本文的两个关键词是"大国"与"中东欧"。这里说的大国，不仅包括与中东欧相邻的大国，也包括了与中东欧有密切关系的世界大国；甚至还包括了欧盟与北约等大国集团。这里说的中东欧包括哪些国家呢？其实，在不同的历史时期，答案不尽相同。

中东欧 7 国：指的是第一次世界大战结束前后出现的 7 个独立国家，即波兰、匈牙利、捷克斯洛伐克、保加利亚、罗马尼亚、塞尔维亚人—克罗地亚人—斯洛文尼亚人王国（后改称南斯拉夫王国）和阿尔巴尼亚。

东欧 8 国：东欧是一个政治地理概念，指的是第二次世界大战后在欧洲中部和东南部建立的人民民主并随后发展为社会主义的国家，即波兰、匈牙利、捷克斯洛伐克、民主德国、保加利亚、罗马尼亚、南斯拉夫和阿尔巴尼亚。

中东欧 13 国：1989 年东欧剧变后，东欧 8 国中的民主德国并入联邦德国（1990年 10 月 3 日），捷克斯洛伐克分裂为捷克和斯洛伐克两个国家（1993 年 1 月 1 日），南斯拉夫一分为六——斯洛文尼亚、克罗地亚、马其顿（2019 年 2 月改名为北马其顿）、塞尔维亚、黑山、波黑。这就是当下所指的中东欧 13 国，即：波兰、匈牙利、捷克、斯洛伐克、保加利亚、罗马尼亚、阿尔巴尼亚、斯洛文尼亚、克罗地亚、北马其顿、塞尔维亚、黑山和波黑。

中东欧 16 国：中国—中东欧国家合作提出后被普遍接受的概念，范围包括上述中东欧 13 国加上波罗的海三国。

中东欧 17 国：2019 年 4 月，第八次中国—中东欧国家领导人会晤时，希腊作为正式成员加入中国—中东欧国家合作，中东欧 17 国的说法由此形成。

从中东欧 7 国到东欧 8 国再到中东欧 13 国，基本上是在相同地理空间内有历史延续性的发展。波罗的海三国的历史沿革与这些国家有很大不同，希腊与这些国家的差别更大。因此，我们要讨论的大国之间的中东欧，是指分属三个不同历史时期，即两次世界大战之间（1918—1939）、二战结束到东欧剧变（1945—1989）、东欧剧变后（1989—）的中东欧 7 国、东欧 8 国和中东欧 13 国。在每个历史时期将主要讨论以下三个问题：第一，中东欧处于哪些大国之间？第二，大国如何对待中东欧？第三，大国之间的中东欧国家选择了怎样的发展道路？

一、两次世界大战之间（1918-1939）

这个时期大致可分为 1918 年—1920 年代以及 1930 年代两个时间段。

（一）1918 年—1920 年代

1. 中东欧处于哪些大国之间？

这个时期的中东欧处于德国与苏俄 / 苏联（1922 年 12 月，俄罗斯联邦等 4 个苏维埃共和国根据列宁的提议结成联盟，成立苏维埃社会主义共和国联盟，简称苏联）之间。

德国因一战战败而大受打击，暂时无力向中东欧国家扩张。苏俄／苏联奉行民族自决权原则，也不再对中东欧构成威胁。作为一战胜利国的英国和美国虽扩大了在中东欧的影响力，但由于地缘关系暂无直接介入中东欧的计划。只有法国和意大利对中东欧国家给予特别关注。

2. 大国如何对待中东欧？

一战结束后，战胜国与德国及其盟国签订了《凡尔赛条约》以及其他一系列条约，在此基础上形成了凡尔赛体系。法国和意大利对中东欧国家的政策与它们对凡尔赛体系的态度直接相关。法国主张维护凡尔赛体系。为防止德国东山再起，法国特别重视与主张维护凡尔赛体系的国家结盟。波兰、捷克斯洛伐克、罗马尼亚和塞尔维亚人—克罗地亚人—斯洛文尼亚人王国拥护凡尔赛体系，成为法国的结盟对象。意大利虽是一战的胜利者，却对凡尔赛体系相当不满。1922 年墨索里尼上台后，更是野心勃勃地要冲破凡尔赛体系，建立世界性帝国。意大利对凡尔赛体系的否定态度与波兰、捷克斯洛伐克、罗马尼亚和塞尔维亚人—克罗地亚人—斯洛文尼亚人王国格格不入，无力超越法国在这些国家的影响，且与塞尔维亚人—克罗地亚人—斯洛文尼亚人王国在领土等问题上素有争议，于是意大利将目光投向了匈牙利、保加利亚和阿尔巴尼亚。

3. 中东欧国家选择了怎样的发展道路？

十月革命的胜利和苏俄的出现为中东欧国家提供了除资本主义道路外的另一种选择，受此鼓舞，匈牙利和斯洛伐克建立了苏维埃共和国。但很快，苏维埃共和国便在法国等国的干涉下覆亡。之后，受到法意等西方国家驱使，以及领土纠纷、意识形态等问题的影响，中东欧国家都采取了反苏立场，只有波兰在 20 年代中后期，由于德国威胁的增大在一定程度上改善了与苏联的关系。

与此同时，中东欧各国正因边界划分和民族问题陷入与其周边国家的矛盾之中。罗马尼亚、捷克斯洛伐克和塞尔维亚人—克罗地亚人—斯洛文尼亚人王国便因与匈牙利的领土纠纷而派军参加对匈牙利苏维埃共和国的进攻。在错综复杂的矛盾中，中东欧国家的自身安全和国家利益受到威胁，需要大国的支持和保护。

波兰、捷克斯洛伐克、罗马尼亚、塞尔维亚人—克罗地亚人—斯洛文尼亚人王国受益于凡尔赛体系，不仅获得了独立或统一，而且从战败国——德国、奥地利、匈牙利和保加利亚那里获得了土地和赔偿，所以它们维护凡尔赛体系，以保持国家独立和领土完整，这与法国不谋而合，自然要寻求法国的保护，与法国结盟；匈牙利和保加利亚因战败而割地赔偿，对凡尔赛体系耿耿于怀，其目标是修改构筑凡尔赛体系的一系列和约，收复失地，这与意大利的图谋颇为接近，自然与意大利走到了一起；阿尔巴尼亚与塞尔维亚人—克罗地亚人—斯洛文尼亚人王国发生边界冲突，急需争取更多的经济援助和政治保证来巩固独立地位，意大利恰恰满足了它的这一要求，阿尔巴尼亚成为意大利的保护国。

中东欧国家的反苏倾向及其与法国或意大利的结盟使得它们不可能追随苏联走上社会主义道路。1920 年代初，它们无一例外地选择了资本主义道路。具体来说，捷克斯洛伐克和波兰采用议会共和制。罗马尼亚、保加利亚和塞尔维亚人—克罗地亚人—斯洛文尼亚人王国实行君主立宪制。匈牙利虽然实行君主立宪制，但因不想引起法国等协约国的不满而不准哈布斯堡王朝君主回国，并将他交给了协约国，接着又通过废黜君主的法令，由曾经的奥匈帝国海军上将霍尔蒂摄政，在君主立宪制的名义下开始了独裁统治。于是，在匈牙利出现了一种奇特的情形——在一个没有国王的国家实行君主立宪制，在一个没有海军的国家由海军上将担任摄政王。阿尔巴尼亚则纠缠于选择资产阶级民主还是选择封建专制的斗争之中。到 1920 年代末，除捷克斯洛伐克外，其余 6 国均走向了独裁。

总体而言，从 1918 年到整个 1920 年代，虽然中东欧国家处在大国之间，斯洛伐克和匈牙利苏维埃共和国的建立和覆亡与苏俄的影响和法国等国的干涉直接相关，但中东欧国家的反苏、亲法或亲意的对外关系取向，民主或独裁的国内制度选择，在相当大的程度上是其历史文化传统、阶级力量对比、经济发展水平以及民族和国家间关系状况共同作用的结果，而非大国的强加。可以说，在这十余年间，中东欧国家在发展道路的选择上拥有很大的自主性。

（二）1930 年代

1. 中东欧处于哪些大国之间？

1929 年开始的经济危机把希特勒推上了德国的政治舞台。1933 年 1 月，希特勒就任总理。1934 年 8 月，希特勒集总统和总理权力于一身，成为国家元首，建立并巩固了法西斯政权。同时，与资本主义世界的危机和萧条形成鲜明对比，苏联经济获得长足发展，从落后的农业国迅速上升为欧洲第一、世界第二的工业强国。德国法西斯的上台和苏联国力的增强打破了英法等一战胜利国主导的凡尔赛体系，欧洲出现了德意、英法和苏联三足鼎立的局面。

对德意而言，通过侵略扩张而称霸世界是其追求的目标，要实现这一目标，关键是要避免与西边的英法和东边的苏联同时开战。对英法来说，维护凡尔赛体系下的欧洲均势与和平是首要任务，它们反对德意对凡尔赛体系的冲击，但因对苏联的疑虑，希望德国的扩张主义转向苏联，用满足德国要求的绥靖政策来保持和平。对苏联而言，保卫国家安全、防止战争爆发是对外政策的重中之重。为此，它既要防范法西斯势力的侵略，又要抵御英法绥靖政策所带来的恶劣影响。这意味着苏联既要争取与英法合作以对抗法西斯，又要寻求与德意和解以避免战争。

进入 1938 年后，德意、英法和苏联的三方较量呈现出新的特点：德意的扩张势头更为猛烈，英法经历了由姑息纵容到坚决反对德意侵略行为的转变，苏联则在与英法合作不成之时，转而与德国签订了互不侵犯条约。中东欧国家处于德意、英法和苏联的三方较量之下。

2. 大国如何对待中东欧？

意大利早在 1920 年代便与匈牙利、保加利亚，尤其阿尔巴尼亚建立了密切。进入 1930 年代后，意大利继续保持和加强与上述国家的关系。此外，意大利还力图扩大在中东欧的影响，1937 年 3 月，它与南斯拉夫签订了友好条约。

德国致力于扩大在中东欧的影响。1934 年 1 月，与波兰签订互不侵犯条约。对匈牙利、南斯拉夫、罗马尼亚和保加利亚，德国主要采取经济渗透的方式达到控制的目的，与它们签订一系列经济协定，密切德国与它们的经济联系，强化了它们在经济上对德国的依赖。

英法两国虽然都主张保持中东欧现状，但英国不愿意承担联盟义务，法国则认为它的安全与维持中东欧现状无法分割，特别注重维护和加强与其中东欧盟国的关系。1933 年 2 月，希特勒上台后不到三个星期，在法国的斡旋下，南斯拉夫、捷克斯洛伐克和罗马尼亚签订《小协约国组织公约》，成立"小协约国"。随后，时任法国外长巴尔杜遍访小协约国和波兰。1934 年 2 月，在英的倡议下，小协约国中的罗马尼亚、南斯拉夫与希腊和土耳其签订《巴尔干公约》，并在其后建立"巴尔干协约国"。同年，巴尔杜再次访问中东欧各国，讨论签订应对由于德国造成的战争危险的东方公约问题，法国与捷克斯洛伐克签订了同盟条约，南斯拉夫国王亚历山大也应邀访问法国。但法南关系的进一步发展和东方公约的签订进程因 1934 年 10 月巴尔杜和亚历山大国王在马赛的遇刺而中断。1936 年 3 月，德国占领莱茵兰非军事区后，法国与其中东欧盟国的联系被切断，南斯拉夫和罗马尼亚越来越接近德国。

苏联则希望通过改善与中东欧国家的关系来扩大反德阵营。1932年7月，苏联与波兰签订互不侵犯条约。1934年，苏联先后与匈牙利、罗马尼亚、捷克斯洛伐克、保加利亚和阿尔巴尼亚建立外交关系。1935年，苏联与捷克斯洛伐克签订互助条约，与罗马尼亚就允许苏军经罗支援捷克斯洛伐克击退侵略军达成谅解。但社会制度的差异和历史积怨阻碍了中东欧国家与苏联接近，苏联在中东欧的影响远不及法、德、意，苏联与罗马尼亚达成的谅解也因有碍罗德靠拢而在不久后遭到罗马尼亚的否定。

进入1938年后，处于三方较量下的中东欧国家的安全越发岌岌可危。在1938年9月的《慕尼黑协定》中，英法将捷克斯洛伐克的苏台德区送给德国，1939年3月德国灭亡捷克斯洛伐克，1939年4月意大利占领阿尔巴尼亚，1939年9月德国入侵波兰，点燃第二次世界大战的战火，中东欧国家连续20年的发展因战争的爆发而中断。

3. 中东欧国家选择了怎样的发展道路？

在德意、英法和苏联三方的较量中，中东欧国家在大多情况下是大国掌控或想要掌控的对象，只能接受大国的影响，追随大国的政策。更值得注意的是，在德意、英法和苏联三方较量的天平逐渐向德意倾斜、战争危险不断扩大之时，一方面，中东欧国家受到德意法西斯的影响，独裁倾向更为明显，法西斯组织在一些国家中发展起来；另一方面，为抵御法西斯的影响，保加利亚和罗马尼亚等国也在集中权力，加强独裁。

在匈牙利，"箭十字团""镰刀十字团"等法西斯组织迅速扩展，并在1937年10月组成国家社会党，在政治生活中发挥越来越大的作用。

在保加利亚，1934年5月，亲德意法西斯的"秘密军人同盟"和"环节派"发动政变，建立新政府。政变危及国王博里斯三世的地位，促使他利用老军官和青年军官间的矛盾，逐步剥夺"秘密军人同盟"和"环节派"的权力。到1935年11月，军队和政权完全落到博里斯三世及其亲信手中。博里斯三世大权独揽，成为保加利亚一切事务的独裁者。

在南斯拉夫，1935年5月议会选举后执政的政府模仿墨索里尼的政策。与此同时，在意大利的庇护和纵容下，克罗地亚的纳粹组织"乌斯塔沙"得以发展，塞尔维亚也出现了纳粹式的小组织。

在波兰，1935年4月，国民议会通过新宪法，把国家权力中心从议会转到总统手里，总统拥有无限的权力，总统独裁体制得到了法律保证。

在阿尔巴尼亚，从属于意大利的局面和普遍的贫困引发了 1935 年 8 月的武装起义。起义虽然遭到镇压，但迫使政府作出让步，进行了一些自由化和民主化改革。然而，政府终究无力消除社会上长期淤积的不满情绪，更无力摆脱意大利的控制。为应对不断高涨的罢工和示威浪潮，政府仿效意大利法西斯迫害、逮捕或流放所有具有民主和共产主义思想的人士，重回独裁统治的轨道。

在罗马尼亚，"铁卫军"和国王卡罗尔二世的势力齐头并进，针锋相对。为阻止"铁卫军"掌权，卡罗尔二世采用更为独裁的方式。1938 年 2 月颁布的新宪法取消了 1923 年宪法中所有带有一般民主性质的规定，把全部国家权力都集中到国王手中。3 月，解散所有政党。4 月，逮捕"铁卫军"领袖，以叛国罪判处其 10 年监禁。

惟有捷克斯洛伐克坚持实行民主制。然而，它也不可避免地受到德国法西斯的影响，德国扶植的苏台德德意志党与带有某种法西斯主义倾向的赫林卡斯洛伐克人民党的力量不断增强。

1930 年代，中东欧国家处于德意、英法和苏联的三方较量之下，外部因素对其生存和发展的影响愈益增大。面对德意法西斯力量的壮大和世界大战的迫近，阿尔巴尼亚彻底沦为意大利的附属，匈牙利、南斯拉夫、罗马尼亚和保加利亚日益接近德国，除捷克斯洛伐克外的中东欧国家加强了独裁统治。1939 年，第二次世界大战爆发，中东欧国家陷入大国的争夺之中，独立性遭践踏，连续 20 年的发展进程被打断。

二、二战结束到东欧剧变（1945—1989）

二战结束后，中东欧地区出现了 8 个人民民主主义并随后发展为社会主义的国家。这个时期也可分为两段。第一段是二战结束到冷战开始，第二段是冷战开始到东欧剧变。

（一）二战结束到冷战开始（1945—1947）

1.（中）东欧处于哪些大国之间？

（中）东欧处于作为反法西斯主力的苏联与美国和英国之间。这个时候的苏美英仍然维持着战时结成的联盟关系，但国家利益、社会制度和意识形态的对立又使得这种联盟关系岌岌可危。

2. 大国如何对待（中）东欧？

早在二战结束前夕，苏联、美国和英国在协调军事行动、争取最后胜利的同时，便开始谋划各自的势力范围，中东欧再次成为大国争夺与安排的对象。从 1943 年底的德黑兰会议，到 1944 年 10 月的莫斯科会谈，再到 1945 年 2 月的雅尔塔会议和 7—8 月的波茨坦会议，直至 1947 年 2 月缔结对意大利、罗马尼亚、保加利亚、匈牙利和芬兰五国和约，苏联凭借在大部分中东欧国家反法西斯斗争和争取解放过程中发挥的重要作用，在与美英商讨中东欧的战后安排时，逐渐占据上风，最终把中东欧纳入自己的势力范围。值得注意的是，或是因为阿尔巴尼亚太过弱小而不值一提，或是因为苏联并未帮助过阿尔巴尼亚的解放斗争，苏、美、英没有对阿尔巴尼亚的未来作出谋划，只有南斯拉夫于 1945 年 4 月率先承认了阿尔巴尼亚民主政府。

民主德国也是大国安排的产物。雅尔塔会议上，苏美英通过了以英国方案为基础的对德国的分区占领协议。柏林也由四国分区占领。各占领区内分别由占领军总司令行使最高权力，涉及德国整体的事务由四国总司令组成的盟国管制委员会处理，苏美英还在波茨坦会议上确立了对德管制的基本原则。冷战爆发后，美国等西方国家与苏联的对抗日趋激烈。美英法三国占领区合并并于 1949 年成立德意志联邦共和国，苏占区也在同年成立德意志民主共和国。

由于此时的苏联和美英处于由合作走向对抗的微妙时期，双方既欲维持战时的合作关系，又欲加强自己的力量，为即将来临的对峙做准备，因而对（中）东欧的发展道路采取了一种异常复杂的立场：苏联既要维护其在（中）东欧的势力范围，又要尽量避免公开与西方决裂，因而既不容许（中）东欧国家建立资产阶级政府，亦不主张它们马上进行社会主义变革；美英既要削弱苏联在（中）东欧的影响、抑制苏联势力范围的扩展，又不想激怒苏联，因而既希望（中）东欧国家能够实行资本主义制度，又不愿公开支持（中）东欧的资产阶级政党，只是要求它们建立由各主要政党参加的联合政府，呼吁各国尽快举行自由选举。

3.（中）东欧国家选择了怎样的发展道路？

由于处在苏联势力范围之内，发展与苏联的友好关系自然成为（中）东欧国家外交的重中之重。但鉴于苏联与美英尚未彻底闹翻，（中）东欧国家也没有完全切断与西方的联系，而是试图在东西方之间寻求某种平衡。阿尔巴尼亚则只与南斯拉夫缔结了友好合作互助条约及一系列经济协定，双方建立了全面的合作关系。

（中）东欧国家既要发展与苏联的友好关系，又想保持与西方的联系，因而需要寻找一条苏联和美英都能认可的发展道路。正如前文所言，此时苏联和美英其实都希望（中）东欧能够走一条中间道路，（中）东欧国家也的确找到了这样一条道路，即介于社会改良主义和苏联社会主义之间的、向社会主义过渡的人民民主道路。具体而言，即在政治上组建多党联合政府，进行议会选举，共产党成为或逐步成为多党合作的领导者；在经济上实行土地改革和国有化，在多元混合经济基础上逐步扩大社会主义经济成分。

可以说，苏联和美英的立场为（中）东欧国家选择人民民主制度提供了不可或缺的外部条件。与多数中东欧国家不同，到二战结束时，南斯拉夫共产党因在反法西斯斗争中建立的卓越功绩而赢得民众的广泛支持，已然成为国内政治的主导力量。但苏联和英国努力促使南共与流亡政府妥协，终至双方达成协议，成立民主联邦南斯拉夫联合政府，共产党与其他党派联合执政。可也正是由于共产党力量强大，很快便取得了全部政权，开启了共产党一党执政的新历史阶段。至于阿尔巴尼亚，苏美英没有像对其他中东欧国家那样安排阿尔巴尼亚的未来，阿尔巴尼亚则对南斯拉夫亦步亦趋，跟随南斯拉夫建设苏联模式的社会主义。

（二）冷战开始到东欧剧变（1947—1989）

1.（中）东欧处于哪些大国之间？

冷战开始后，（中）东欧处于以苏联为首的东方阵营和以美国为首的西方阵营之间，多数国家成为苏联的卫星国。

2.大国如何对待（中）东欧？

随着冷战的爆发，苏联进一步加紧对（中）东欧的控制，旨在加强苏联阵营力量，与美国对抗。苏联主要从两个方面加紧对（中）东欧的控制。其一，发起建立共产党和工人党情报局、经济互助委员会和华沙条约组织；其二，在（中）东欧推行苏联模式。

（1）建立共产党和工人党情报局、经济互助委员会和华沙条约组织

首先，苏联决定成立共产党和工人党情报局，以加强各国共产党之间的联系、交流经验和协调共同行动，从政治上控制中东欧。1947年9月，在苏联的筹划下，苏联、波兰、捷克斯洛伐克、匈牙利、保加利亚、罗马尼亚、南斯拉夫、法国和意大利的共产党和工人党代表在波兰召开会议，决定成立情报局，总部设在南斯拉夫首都贝尔格莱德。

其次，苏联与中东欧国家签订贸易协定，组建经济互助委员会，以加强经济联系与

合作，从经济上控制中东欧。1947 年 7—8 月间，苏联先后与保加利亚、捷克斯洛伐克、匈牙利、波兰和罗马尼亚签订贸易协定，向它们提供贷款，帮助它们恢复经济。在此基础上，1949 年 1 月，苏联召集上述 5 国代表在莫斯科举行经济会议，通过了《关于成立经济互助委员会的公报》。2 月，阿尔巴尼亚表示欲参加经互会。4 月，经互会正式成立，总部设在莫斯科。在经互会内部，苏联凭借其政治地位和自然资源，处于核心和支配地位。中东欧国家则因资源稀缺、市场狭小而不得不仰仗苏联的支持，并且的确得益于苏联丰富的能源、原材料与广阔的商品市场，但也因此形成了对苏联经济的依赖，处于被支配地位。

再次，苏联与中东欧国家缔结友好合作互助条约，建立华沙条约组织，以加强军事合作，从军事上控制中东欧。1948 年 2—3 月，苏联与罗马尼亚、匈牙利和保加利亚缔结了《友好合作互助条约》。与此同时，中东欧国家之间也签订了一系列类似的条约。到 1949 年初，在这些双边条约的基础上，苏联与中东欧国家的同盟体系基本形成。1954 年 11 月底—12 月初，苏联与阿尔巴尼亚、保加利亚、匈牙利、民主德国、波兰、罗马尼亚和捷克斯洛伐克代表在莫斯科举行第一次欧洲国家保障和平和安全会议。1955 年 3 月，苏联与上述 7 国就缔结《友好合作互助条约》的原则和组建联合司令部问题达成一致。5 月，苏联与 7 国代表在波兰首都华沙举行第二次欧洲国家保障和平和安全会议，签订《友好合作互助条约》，即《华沙条约》，并通过《华沙条约缔约国关于成立武装部队联合司令部的决议》，任命苏联元帅伊·斯·科涅夫为武装部队总司令，将武装部队总部设在莫斯科。6 月，《华沙条约》在获各缔约国批准后生效，华沙条约组织建立，中东欧国家的武装力量集结在以苏联为首的华约组织的领导之下。

随着情报局、经互会和华约组织的建立，苏联领导的东方阵营形成，与美国领导的西方阵营尖锐对立，（中）东欧在东西方之间不再有选择自己发展道路的余地。

（2）在（中）东欧推行苏联模式。

1947 年后，随着冷战局面的形成，苏联的确比以前更需要（中）东欧国家采用与它相同的制度模式，以便巩固和加强东方阵营的力量，与西方阵营对抗。

情报局在成立不久后便开始宣扬苏联经验的普遍适用性，促使（中）东欧国家接受苏联模式。恰在此时，苏南冲突爆发。虽然苏南冲突并非源于苏联模式的推行，实际上，南斯拉夫还是较早采用苏联模式的中东欧国家。但是，苏南冲突的结果却在导致南斯拉夫抛弃苏联模式的同时，为这一模式在其他中东欧国家的推行创造了条件。苏南冲突后，南斯拉夫被孤立于苏联领导的东方阵营之外，甚至国家安全也受到威胁。内外交困的局面迫使南斯拉夫抛弃苏联模式，走上了社会主义自治道路。对于其他中东欧国家来说，苏南冲突具有完全不同的意义。已经实行苏联模式的阿尔巴尼亚选择与南斯拉夫决裂，向苏联靠近，因而更为坚持苏联模式。而对于仍在走人民民主道路的波、匈、捷、保、罗而言，苏南冲突以及苏联指挥下情报局对南共的批判向它们发出了明确警告，苏联不会容许对苏联所奉行的路线出现一丝偏离。南斯拉夫的不顺从已然招来了苏联的惩治，波、匈、捷、保、罗实行的不同于苏联模式的人民民主道路更不能被苏联接受。在苏联的推动下，上述五国共产党开展清洗运动，合并社会民主党，苏联模式随之在这些国家推广开来。

3.（中）东欧国家选择了怎样的发展道路？

位于两大阵营之间的（中）东欧，面对苏美尖锐的对立和苏联控制的加强，只能加入苏联领导的阵营，实行苏联模式。阿尔巴尼亚虽然先在苏南冲突中站到苏联一边，与南斯拉夫决裂，其后又与苏联断交，但其在国内体制上一直坚持苏联模式。惟有南斯拉夫在苏南冲突后被排除在苏联阵营之外。为摆脱孤立困境，南斯拉夫倡导不结盟运动，并探索出一条不同于苏联模式的社会主义自治道路。

苏联模式在一定程度上有助于社会主义制度在（中）东欧的确立和巩固，但对大多数（中）东欧国家而言，苏联伤害了（中）东欧人民的民族感情，以致（中）东欧国家对苏联控制和苏联模式的反感日益强烈，终致不加区分地否定社会主义制度，发生剧变。而南斯拉夫的社会主义自治民主制强调放权，致使权力过于分散，联邦国家越来越难以维系。其剧变因而不像其他中东欧国家那样表现为抛弃苏联模式，而是放弃社会主义自治民主制和联邦国家解体。

1989 年，东欧剧变，东欧 8 国逐渐变成了中东欧 13 国，走上了不同的发展道路。

三、东欧剧变后（1989— ）

这个时期也可分为两个阶段，1980 年代末至 1990 年代初和 1990 年代中期至今。

（一）1980 年代末 1990 年代初

1. 中东欧处于哪些大国之间？

东欧剧变后，苏联解体，冷战结束，美国成为世界惟一的超级大国，苏联的继承国俄罗斯国力衰弱、地缘政治影响力下降，不仅失去了与美国对抗的能力，也不再有与美国对抗的欲望。1992 年初，俄罗斯开始推行"休克疗法"，急需西方援助。在这种情况下，俄罗斯采取"亲西方"的外交政策，向西方"一边倒"。

2. 大国如何对待中东欧？

1990 年代初，美、俄融为一体。中东欧脱离苏联掌控，不再是苏联的势力范围和东西方争夺的对象，战略地位的重要性大为削弱。俄罗斯在"亲西方"外交方针的指导下，不再把中东欧看作是外交的优先事项，对中东欧这块昔日"领地"的失去表现得无动于衷，与中东欧国家的军事和经济联系几乎完全中断。实际上，即便俄罗斯有意恢复在中东欧的影响，但是国力的衰退和新的地缘政治环境——除波兰与俄罗斯的飞地加里宁格勒接壤外，中东欧国家已不与俄罗斯为邻——也使它心有余而力不足。以美国为首的西方国家虽然欢迎东欧剧变，但认为没必要把自己与局势不稳、前景不明的中东欧绑在一起，引起西方的波动。俄罗斯的撒手和西方的犹疑令中东欧国家落入安全真空。

3. 中东欧国家选择了怎样的发展道路？

东欧剧变后，中东欧国家一度落入安全真空。其时，虽然俄罗斯已经撤出，但苏联过去对中东欧国家的严密控制仍令它们心有余悸。错综复杂的民族矛盾，特别是随南联邦解体燃起的战火更使中东欧国家遭遇明显的安全威胁。此外，中东欧国家在转型之初因政局不稳、经济衰退、机构运作不够完善等原因，发生动荡的可能性很大。面对潜在和现实的危险处境，中东欧国家急需把自己拴到西方的大船上。北约是进行集体防御、维持和平与安全的军事联盟。一直以来，欧洲都是处于以美国为首的北约的保护之下。欧共体 / 欧盟（1993 年 11 月，欧共体正式改称欧洲联盟）也承诺"如某一成员国领土遭到武装入侵，其他成员国应依照《联合国宪章》第 51 条，尽己所能承担提供援助与协助的义务"。中东欧国家深信加入北约和欧共体 / 欧盟将获得安全保障。

当然，中东欧国家急于加入北约和欧盟还不只是为了获得安全保障。东欧剧变本就在相当大的程度上源于对苏联模式和苏联控制的反感与反抗。同时，也源于只有一个欧洲，中东欧本就是欧洲的一部分，只是在冷战时期，一道铁幕把中东欧国家与西欧彻底隔开的信念。一旦铁幕落下，"回归欧洲"顺理成章。在此，"回归欧洲"不仅是指在外交上寻求加入欧盟和北约（塞尔维亚除外），而且是指在政治经济体制上与西欧国家趋同，也就是在政治上实行多党制和议会制，在经济上实行私有制和市场经济。这也是通常所指的"欧洲化"道路。

（二）1990年代中期至今

1. 中东欧处于哪些大国之间？

俄罗斯全面倒向西方和美欧俄融为一体的局面并未持续太长时间。1990年代中期以来，俄罗斯改变"亲西方"外交，开始强调维护俄罗斯的利益和大国地位，国力也有所恢复。与此同时，欧盟也因欧洲一体化的推进而增强了力量。美、欧、俄的博弈渐次展开，但未形成三足鼎立的格局。美国仍是世界惟一的超级大国；欧盟虽与美国在某些问题上存在分歧，但基本价值观和社会制度相同，拥有许多共同利益；俄罗斯虽是美欧防范的目标，但因国力所限，无法与美欧抗衡。

2. 大国如何对待中东欧？

1990年代中期以来，北约和欧共体/欧盟向中东欧国家敞开了大门。俄罗斯也愈加重视曾是其势力范围的中东欧地区，以经济、能源和文化为抓手，对中东欧各国采取有针对性的政策，力图改善关系，扩大影响。中东欧国家处于美欧俄之间。当然，严格意义上讲，欧盟不是一个国家，而是世界上一体化程度最高的国际组织，具有统一的内部市场、统一的货币和共同外交与安全政策，可作为国际舞台上独立的行为体。

3. 中东欧国家获得了怎样的发展？

经过30多年的发展，中东欧国家在"欧洲化"道路上进展如何？或者说，中东欧国家的内政外交在多大程度上与西欧趋同？

（1）大体趋同

政治：多党制和议会制

多党制和议会制下什么最重要？议会选举。不同的政党通过定期议会选举（一般是4年一次）得到议会多数席位获取组阁权，上台执政。所以，判断一个国家多党制和议会制是否确立的一个简便易行的标准便是政权"两度易位"，即在首次选举中赢得政权的政党或团体在接下来的选举中失利，把权力让渡给那些选举的赢家，并且后者又和平地把权力让渡给下一次选举的胜利者。用该衡量标准可以看出，自1990年代中期以来，绝大多数中东欧国家完成了政权的"两度易位"，确立了多党制和议会制。黑山和波黑则是例外。

经济：私有制和市场经济

孔田平：到 1990 年代末，除波黑外的中东欧国家的经济体制已发生实质性变化，私人产权和市场协调获得政治保障，私人产权居主导地位，市场协调成为主导的协调机制。从这个意义上看，中东欧国家的经济转型已经完成。

外交：加入欧盟和北约

此时，已有 8 个国家加入欧盟，11 个国家加入北约。

中东欧国家加盟入约时间

国家	加入欧盟时间	加入北约时间
波兰	2004 年 5 月 1 日	1999 年 3 月 12 日
匈牙利	2004 年 5 月 1 日	1999 年 3 月 12 日
捷克	2004 年 5 月 1 日	1999 年 3 月 12 日
斯洛伐克	2004 年 5 月 1 日	2004 年 3 月 29 日
斯洛文尼亚	2004 年 5 月 1 日	2004 年 3 月 29 日
罗马尼亚	2007 年 1 月 1 日	2004 年 3 月 29 日
保加利亚	2007 年 1 月 1 日	2004 年 3 月 29 日
克罗地亚	2013 年 7 月 1 日	2009 年 4 月 1 日
阿尔巴尼亚		2009 年 4 月 1 日
黑山		2017 年 6 月 5 日
北马其顿		2020 年 3 月 27 日

（2）差距犹存

政治：多党制和议会制

黑山和波黑尚未形成政党轮流执政局面。其中，黑山直到 2020 年 8 月议会选举、反对党联盟上台才终结了社会主义民主党长达 30 年的执政，首次实现政权易位。波黑独立后不久旋即陷入战争，直到 1995 年底"代顿协议"签署使局面出现转变。自"代顿协议"签署以来，波黑一直处于国际社会监管之下。尽管进行了 8 次大选，但由于波黑部长会议的组成需兼顾民族原则，并非像其他中东欧国家一样由在议会选举中获胜的政党单独或联合其他政党组阁，而是由进入议会的主要政党协商，组成几乎所有主要政党参加的大联合政府，所以至今没有形成政党轮流执政的局面。

多数国家虽然都有几个较为固定的大党，但直到最近，新党仍不断涌现并迅速上位，经常出现选举前刚刚组建的新政党在选举中异军突起，进入议会，甚至成为大党执政伙伴的现象。新党不断涌现的结果使多数国家的政党格局仍未定型，多党制不够稳定。

近年来，波匈等国还出现违背欧盟价值观的情况。但考虑到近年来欧美民粹主义力量壮大，也对欧盟价值观构成挑战，匈牙利和波兰的选择与西欧国家有所区别，还是另一种趋同需继续观察。

经济：私有制和市场经济

虽然中东欧国家建立了市场经济体制，捷克还因达到转型先进国家的标准而在2007年底从欧洲复兴开发银行"毕业"，不再接受来自该银行的投资，但以欧洲复兴开发银行根据可持续市场经济的六大要素——竞争、良治、绿色、包容、韧性、融合对除捷克外的其他中东欧国家经济体制进行的评估，仍可看出这些国家与标准的可持续市场经济之间的差距。下表为2020年的数据。六大要素的计分范围为1—10，10代表标准的可持续市场经济。可以看出，中欧国家的市场经济优于西巴尔干国家，罗马尼亚和保加利亚介于两者之间。

可持续市场经济六大要素的转型得分

	竞争		良治		绿色		包容		韧性		融合	
	2020	2019	2020	2019	2020	2019	2020	2019	2020	2019	2020	2019
斯洛文尼亚	6.96	6.91	7.20	7.09	6.97	7.11	7.43	7.42	7.73	7.69	7.28	7.38
波兰	6.78	6.81	6.86	7.00	6.51	6.51	6.93	6.89	7.74	7.71	7.11	7.01
斯洛伐克	6.67	6.61	6.31	6.34	6.74	6.87	6.51	6.50	7.90	7.92	7.32	7.31
匈牙利	6.64	6.58	5.98	5.96	6.14	6.27	6.53	6.54	7.06	7.14	7.08	7.18
克罗地亚	5.91	5.85	6.10	6.04	6.27	6.40	6.41	6.36	7.60	7.49	6.67	6.59
罗马尼亚	6.32	6.29	6.10	6.17	5.99	6.13	5.70	5.71	7.17	7.19	7.01	7.00
保加利亚	5.90	5.82	6.19	5.97	5.93	6.06	6.32	6.27	6.89	6.82	7.01	7.02
塞尔维亚	5.64	5.54	5.84	5.77	5.78	5.79	6.13	6.06	5.94	5.85	6.25	6.24
黑山	5.60	5.56	6.27	6.11	5.44	5.45	6.07	6.06	6.83	6.45	6.29	6.18
北马其顿	5.98	5.94	5.40	5.43	5.27	5.27	5.76	5.74	6.21	5.96	6.13	6.07
阿尔巴尼亚	5.25	5.18	4.50	5.16	4.43	4.43	5.25	5.26	5.65	5.44	5.76	5.85
波黑	4.80	4.72	3.98	4.12	5.14	5.15	5.43	5.41	6.09	6.08	5.41	5.35

注释：分数从1到10，10代表标准的可持续市场经济。

资料来源：European Bank for Reconstruction and Development, Transition Report, 2020-21, https://www.ebrd.com/news/publications/transition-report/transition-report-202021.html. 。

从人均 GDP 看，直到 2019 年，中东欧国家仍落后于欧盟平均水平。这是联合国欧洲经济委员会 2018 年和 2019 年的数据。可以看出，人均 GDP 最高的捷克也还没有赶上欧盟平均水平。

2018 年和 2019 年按现行价格和购买力平价计算的人均 GDP（美元）

	2018	2019
欧盟 28 国	44 757	46 826
欧元区 19 国	47 365	49 303
捷克	41 056	43 302
斯洛文尼亚	38 877	40 963
匈牙利	32 086	34 503
斯洛伐克	32 543	34 072
波兰	31 487	34 059
罗马尼亚	29 187	32 265
克罗地亚	28 194	30 143
保加利亚	22 611	24 790
黑山	21 000	22 923
塞尔维亚	17 578	19 013
北马其顿	16 642	—
波黑	14 167	15 001
阿尔巴尼亚	13 834	14 496

资料来源：https://w3.unece.org/PXWeb2015/pxweb/en/STAT/STAT__20-ME__2-MENA/01_en_MECCGDPExpPerCapY_r.px/table/tableViewLayout1/.。

外交：加入欧盟和北约

中东欧国家没有完全融入西方社会。

西巴尔干五国尚未入盟。西巴尔干是一个政治地理概念，指的是还没有加入欧盟的中东欧国家，这些国家位于巴尔干半岛西部，所以被称为西巴尔干国家。起初有六国，即克罗地亚、塞尔维亚、黑山、马其顿、阿尔巴尼亚和波黑。2013 年克罗地亚加入欧盟后，西巴尔干国家还剩五个。西巴尔干国家加入欧盟要经过如下几个阶段：签署《稳定与联系协议》、递交入盟申请、获得候选国地位、开始入盟谈判、签署入盟条约，最后加入欧盟。目前，在加入欧盟进程上走在前面的是黑山和塞尔维亚。黑山和塞尔维亚分别在 2012 和 2014 年开始入盟谈判，黑山已经开启入盟谈判 33 个章节中的 33 章，完成三章；塞尔维亚开启 35 个章节中的 18 章，完成两章。北马其顿早在 2005 年就获得了欧盟候选国地位，但因与希腊的国名争议迟迟未能开始入盟谈判。阿尔巴尼亚于 2014 年获得候选国地位，尚未开始入盟谈判。2020 年 3 月，欧盟理事会决定开启北马其顿和阿尔巴尼亚的入盟谈判。7 月 1 日，欧盟委员会向欧盟理事会提交阿尔巴尼亚和北马其顿的谈判框架草案。11 月，保加利亚因与北马其顿的历史和语言纠纷拒绝接受北马其顿谈判框架。两国的入盟谈判至今未能开启。波黑则在 2016 年递交了入盟申请，因国内缺乏政治共识，入盟进展缓慢。

实际上，西巴尔干国家入盟取决于西巴尔干国家自身的状况和欧盟的态度。一方面，科索沃地位问题、波黑民族和解、司法改革及打击腐败和有组织犯罪不力等仍是这些国家入盟的巨大障碍，一时难以清除；另一方面，近年来欧盟危机频发，法国等欧盟成员国对欧盟扩大持保留态度，认为欧盟应先妥善解决内部问题。因此，西巴尔干国家入盟是一个漫长的旅程。

西巴尔干国家的入盟进程

国家	签署《稳定与联系协议》	递交入盟申请	获得候选国地位	开始入盟谈判
黑山	2007 年 10 月 15 日	2008 年 12 月 15 日	2010 年 12 月 17 日	2012 年 6 月 29 日
塞尔维亚	2008 年 4 月 29 日	2009 年 12 月 22 日	2012 年 3 月 1 日	2014 年 1 月 21 日
北马其顿	2001 年 4 月 9 日	2004 年 3 月 22 日	2005 年 12 月 16 日	
阿尔巴尼亚	2006 年 6 月 12 日	2009 年 4 月 28 日	2014 年 6 月 24 日	
波黑	2008 年 6 月 16 日	2016 年 2 月 15 日		

而在已经入盟的中东欧国家中，罗马尼亚、保加利亚和克罗地亚还不是申根区成员，特别是罗马尼亚和保加利亚，两国在加入申根区的进程中屡屡受阻。奥地利、德国和荷兰的一些政治家一直对罗马尼亚和保加利亚的腐败和有组织犯罪的程度表示担忧，不愿意吸收它们加入申根区。

除斯洛文尼亚和斯洛伐克外的其他国家也尚未加入欧元区，其中有这些国家不符合加入欧元区标准的原因，但更多的是因为自欧元区债务危机以来，一些国家对欧元区失去兴趣和信心，不太愿意加入欧元区。2020 年 7 月，保加利亚和克罗地亚加入欧洲汇率机制，朝加入欧元区迈出一大步。

欧盟的中东欧成员国

	申根国家	欧元区国家
斯洛文尼亚	√	√
斯洛伐克	√	√
波兰	√	
匈牙利	√	
捷克	√	
罗马尼亚		
保加利亚		
克罗地亚		

波黑尚未加入北约。波黑入约主要受到塞族共和国的阻碍。波黑由波黑联邦与塞族共和国两个实体组成。塞族共和国与塞尔维亚一样，主张波黑军事中立，不同意波黑加入北约。

塞尔维亚则由于 1999 年以美国为首的北约轰炸南联盟和 2008 年美国支持科索沃独立对美国和北约心存芥蒂，始终坚持军事中立，是惟一没有提出加入北约要求的中东欧国家。但近年来，塞尔维亚开始强调与北约在维护地区和平与稳定方面的共同利益，与北约开展军事合作。

（3）多样发展

上述中东欧国家内政外交与西欧国家的趋同和差距是基于西欧模式和西方社会的本质特征作出的分析和判断。实际上，西欧模式在共通元素之外表现形式亦有不同，西欧国家在共同外交政策之外也存在不同的立场。中东欧国家也是如此，其内政外交在趋同的大趋势下具有多样性的特征。

政治：独特的波黑和不同形式的议会制

波黑的政治体制很独特，它是中东欧地区唯一实行联邦制的国家。波黑有两个实体——波黑联邦和塞族共和国，三个主体民族——波什尼亚克族（也就是我们常说的波黑穆斯林）、克罗地亚族、塞尔维亚族。选举在两个实体和三个民族内进行，由来自三个民族的多个政党共同执政。议会由两院组成，人民院议员由波黑联邦和塞族共和国指派，代表院议员由波黑联邦和塞族共和国按比例代表制选举产生。波黑不设总统，而设主席团，分别由波什尼亚克族、克罗地亚族和塞尔维亚族选民各选举一名代表组成。主席团任期

4年，其3名成员轮流担任主席团主席，每8个月轮换一次。

中东欧国家实行议会制，但在议会结构、选举体制、总统选举方式上不尽相同。

中东欧国家的政体

国家	议会结构	选举体制	总统选举方式
阿尔巴尼亚	一院	混合代表制	议会
保加利亚	一院	比例代表制	选民
克罗地亚	一院	比例代表制	选民
捷克	两院	比例代表制	选民
北马其顿	一院	比例代表制	选民
匈牙利	一院	混合代表制	议会
黑山	一院	比例代表制	选民
波兰	两院	比例代表制	选民
罗马尼亚	两院	比例代表制	选民
塞尔维亚	一院	比例代表制	选民
斯洛伐克	一院	比例代表制	选民
斯洛文尼亚	两院	比例代表制	选民

经济：市场经济的类型

对于中东欧国家市场经济的类型，国内外学者见仁见智，有不同的说法。在此仅举国内较有代表性的两例：

朱晓中：鉴于对外国资本的强烈依赖，许多中东欧国家的资本主义已被概念化为依赖型资本主义；

孔田平：中东欧地区的市场经济具有以下特征：第一，市场主导经济生活，国家在经济中发挥有限的作用。第二，中东欧国家为开放型经济，高度依赖外部，特别是西欧的市场、资金和技术。第三，中东欧国家均保持了一定的福利制度。

外交：欧盟和北约框架内的不同政策

在欧盟和北约框架内，在美欧俄之间，中东欧各国的外交政策也因自身利益需要而有所不同。

与欧盟关系

在欧盟内，中东欧国家中对政府在入盟谈判中让步过多、没有很好维护本国利益、入盟后又因与欧盟分享主权而不满情绪上升，对欧盟的怀疑增加，中东欧成员国选民对欧洲议会选举态度冷漠。下表为中东欧成员国在历次欧洲议会选举中的投票率。可以看出，几乎所有国家的投票率都低于同期的欧盟平均值。此外，波兰前总统卡钦斯基和捷克前总统克劳斯还在 2008—2009 年拖延签署《里斯本条约》，该条约旨在为欧盟进一步一体化提供制度保证。

中东欧成员国在欧洲议会选举中的投票率

	2004	2009	2014	2019
捷克	28.3	28.22	18.20	28.72
匈牙利	38.50	36.31	28.97	43.36
波兰	20.87	24.53	23.83	45.68
斯洛文尼亚	28.35	28.37	24.55	28.89
斯洛伐克	16.97	19.64	13.05	22.74
保加利亚		38.99	35.84	32.64
罗马尼亚		27.67	32.44	51.07
克罗地亚			25.24	29.89
欧盟	45.47	42.97	42.61	50.62

一些中东欧成员国屡屡与欧盟发生争议。争议主要集中在难民、"多速欧洲"、欧盟内部双重质量标准以及匈牙利和波兰的内政等问题上。

与美国和北约的关系

波兰、罗马尼亚等国与美国和北约走得更近，军事合作更多。

与俄罗斯关系

一是反俄国家，中东欧国家大都采取反俄立场，其中波兰和罗马尼亚表现得最为突出。

二是与俄较为友好的国家，如塞尔维亚和匈牙利。此外，波黑塞族共和国也与俄罗斯关系紧密。

四、总结与思考

（一）中东欧国家始终处于大国之间，大都仰仗大国或大国集团的保护

一战结束后，中东欧国家身处德苏之间，以法国或意大利为靠山；二战结束后，中东欧国家身处苏美之间，成为苏联的势力范围；冷战结束后，中东欧国家身处美欧俄之间，寻求"回归欧洲"。

那么，大国或大国集团的保护是否能给中东欧国家的生存带来保障？

正如前文所言，在一战结束后，与法意结盟并没有给中东欧国家带来持久的保护。二战结束后，与苏联结盟的确带给中东欧国家 40 多年相对安全的环境。直到 20 世纪 80 年代末，苏联对中东欧国家的放手促发了剧变，中东欧国家的社会制度发生根本变化，南斯拉夫和捷克斯洛伐克不复存在。然而，这并非意味着离开了苏联的保护，中东欧国家便无法生存。事实上，在苏联"保护"下，中东欧国家的利益不得不服从于苏联利益，甚至国家主权也得不到保障，以至于在中东欧国家内部蓄积了对苏联控制的强烈不满，这种不满情绪与对苏联模式，乃至对社会主义制度的否定相结合，在苏联放手之际释放出来，导致了剧变的发生。

冷战结束后与西方结盟有助于消除中东欧国家的传统安全威胁。自中东欧国家加入北约和欧盟以来，的确没有遭遇危及国家生存的军事冲突。但这也给中东欧国家提出了新的挑战，即作为北约和欧盟成员，如何在北约和欧盟框架内、在美欧俄博弈中维护自身利益。

（二）身处大国之间、仰仗大国或大国集团保护的中东欧国家，其发展易受国际关系变动的影响

一战结束后，由于德国无力、苏俄/苏联无意向中东欧扩张，中东欧国家在被奴役几百年后第一次获得发展机遇。然而好景不长，世界性经济危机发生，德意法西斯势力壮大，战争威胁日益增加，中东欧岌岌可危，终因战争的到来而中断了发展。二战后期和战后初期，在美苏由合作走向对抗的短短几年间，多数中东欧国家走上了人民民主道路。但这一道路的夭折速度更快，随着冷战的开始，苏联加紧了对中东欧的控制，在中东欧推行苏联模式，致使多数中东欧国家接受这一模式。南斯拉夫则反其道而行之，走上社会主义自治道路。如果说一战结束后和二战结束之初中东欧国家的发展道路尚可算是符

合当时国际关系状况的自主选择，那么，苏联模式社会主义和社会主义自治道路的确立则是国际关系变动的直接结果，是在苏联重压下的别无选择。与前两条道路分别终止于二战和冷战的爆发不同，苏联模式和社会主义自治道路并非结束于国际关系的巨大变动。相反，东欧剧变打破了东西方之间的力量均势，极大地改变了国际关系格局。但在"欧洲化"道路的推进中，国际关系的变化，特别是欧盟和北约的东扩起到了重大作用。

那么，中东欧国家加入欧盟和北约后，"欧洲化"道路会逆转吗？

中东欧国家加入欧盟和北约后，其"欧洲化"道路的确出现了某些失范的迹象。波兰和匈牙利甚至因内政问题导致欧盟启动《欧洲联盟条约》第七条的程序，这是欧盟历史上前所未有的。不过，中东欧国家的"欧洲化"道路还远未到逆转的地步。首先，尽管欧盟的中东欧成员国与欧盟发生争议，但从未表露过脱欧的想法。不仅如此，他们还一直支持西巴尔干国家入盟。其次，西巴尔干国家仍在争取入盟。再次，匈牙利和波兰虽然出现违背欧盟价值观的情况，但其政治体制没有超出多党制和议会制的框架。

（三）身处大国之间，仰仗大国或大国集团保护的中东欧国家，其发展道路多移植外来模式

一战结束后，匈牙利和斯洛伐克先学习苏俄建立了苏维埃共和国。随着匈牙利和斯洛伐克苏维埃共和国被颠覆，中东欧国家都模仿西欧走上了资本主义道路。冷战开始后，除南斯拉夫外的中东欧国家都接受和照搬了苏联模式。东欧剧变后，中东欧国家的"欧洲化"道路也是对西方模式的模仿和移植。惟有二战结束后到冷战开始前的短短几年，中东欧国家立足国情和国际关系状况，首创了经济文化落后国家向社会主义过渡的人民民主道路。

匈牙利和斯洛伐克苏维埃共和国很快就在国内外资产阶级的进攻下覆亡，两次世界大战之间中东欧国家的资本主义道路因二战爆发而中断，人民民主道路也没有来得及在中东欧开花结果便因苏联的干预而夭折，以致很难判断是外来模式还是本土模式更有利于中东欧的发展。照搬苏联模式的实践则显示了照搬外来模式的后果。

"欧洲化"道路也是对西方模式的模仿和移植，至今已在中东欧国家运转30年，虽有波折，与西方仍有差距，并且呈现多样化发展，但在大方向上没有出现改变。当然30年的历史进程还太短，不能断言中东欧的"欧洲化"道路已取得了成功。

全文回顾了100多年来中东欧国家在大国博弈中生存和发展的历史。中东欧的问题

因国而异，因时而异，十分复杂且多变。这种复杂性和多变性增加了中东欧研究的难度，但这也正是中东欧研究的魅力所在。对一些问题的思考，或许现在还很难得出确切的答案。我们将继续跟随中东欧发展的脚步，不断校正看法，使我们的认识更加贴近于事情的本来面目。

（2021年5月25日）

中东欧国家"一带一路"先行示范区

主讲人：朱晓中

内容提要：本讲座以"17+1"为突破口，具体介绍了中国与中东欧合作关系的演变、成果以及问题。讲座共分为四部分，第一部分主要介绍中东欧概况，具体包括中东欧概念界定、领土、人口、民族、宗教、政治、经济以及次区域组织。第二部分呈现了中国与中东欧关系演进。第三部分介绍中国与中东欧在政治、外交、经济上一些合作情况。最后第四部分指出中国与中东欧合作之间存在一些让人思考的问题。

主讲人简介：中国社会科学院俄罗斯东欧中亚研究所研究员。研究方向为中东欧国家转型、中东欧与欧洲一体化、中东欧与主要大国关系、中国与中东欧国家关系与合作。发表有关中东欧政治、经济与外交问题的学术论文30余篇。出版专著《中东欧与欧洲一体化》，主编《欧洲的分与合：中东欧与欧洲一体化》《曲折的历程：中东欧卷》《中东欧转型二十年》等著作。现有学术兼职主要有：国务院发展研究中心特聘研究员、西安外国语大学特聘教授、宁波工程学院特聘教授。

一、中东欧概况

中东欧概况这个题目可能已经有若干人讲过，但是我想还是从我的角度，给大家梳理一下，让大家通过这个课程大概知道一下中国与中东欧国家合作的概念。

我们说中东欧国家合作，严格意义上说希腊不是中东欧国家，从国际政治的角度来讲，希腊不能被纳入到中东欧的概念里面。在国际政治学的著作里面，只有美国人1994年出版的《1000-1500年》这本书里唯一一次提到说中东欧的边界里可以包括希腊。但凡我们说到中东欧都没有提到希腊。在国际政治里面我们可以说中东欧16国，它又分成中欧和东南欧，在口语里面可以叫中欧或者叫东欧，但两个词大都指的这16个国家。在

2000 年左右，也就是科索沃战争结束后不久，欧洲联盟和世界银行给东南欧起了一个新地名——西巴尔干。西巴尔干是什么概念呢？2000 年科索沃战争之后，欧盟把那些地处东南欧但还没有加入欧洲联盟称为西巴尔干。当然，官方的地理称谓还是东南欧。可见，我们说的东欧、中东欧、东南欧的概念，从 20 世纪初期开始一直到现在为止变化了很多个层次。

（一）中东欧称谓二重性——自然地理和政治地理

中东欧地区的称谓划分具有二重性，即既有自然地理的因素，又叠加政治地理的影响。你看过去我们说叫东欧，东欧的概念是指什么？或者特别是从二次大战之后，所有追随苏联，参加了华沙条约和经济互助委员会的那些国家叫做东欧。所以可以看得出来东欧有强烈的意识形态。既然这个东欧概念有强烈的意识形态色彩，当这些国家从社会主义改变到资本主义的社会制度之后，这些国家认为应该摆脱具有意识形态色彩的地理称谓，变成一个纯粹的地理上的一个概念，那么地理上的概念是什么呢？因为这些国家地处欧洲的中东部，所以他们自称为中东欧，这个概念从 1989 年以来一直到现在为止，我们都在沿用这个概念。

那么现在哪些国家叫（新）东欧呢？今天东欧的概念包括俄罗斯、白俄罗斯、乌克兰和摩尔多瓦。但更多的时候，国际政治中通常是把俄罗斯独立称谓的，而真正叫做（新）东欧的是白俄罗斯、乌克兰、摩尔多瓦这三个国家。很有意思的是，世界上很少地区或国家既有自然地理称谓又有政治地理称谓的，但是这种情况发生在中欧这个地方。我们从自然地理上看，我们所说的有中欧、波罗的海，还有东南欧。但波罗的海为什么是放在这个里面？主要是因为波罗的海三国原来是苏联的加盟共和国，曾经实行过社会主义制度，现在实行西方的政治和经济制度，都是转轨国家，所以就放在中东欧这个概念里面了。

如果按政治地理划分，可以将中东欧划分为中欧、波罗的海三国、西巴尔干、罗马尼亚以及保加利亚。为什么罗马尼亚和保加利亚不放在中欧的概念里面呢？因为这两个国家 2007 年加入欧洲联盟以后，现在既没有加入申根区，也没有加入欧元区。一方面，这两个国家由于法制上的问题，被欧洲联盟多次拒绝加入到申根区。本来去年 2020 年没有疫情的场景之下，可能这两个国家有可能加入其中，但是到现在为止，荷兰、法国等国家提出这两个国家依然在法治方面建设存在问题，所以还不能够加入申根区。另一方面，保加利亚地与土耳其接壤。2016 年开始的难民危机，大批中亚难民聚集到土耳其边境。如果保加利亚加入到申根区后，土耳其的难民越过边境到了保加利亚就可以经保加利亚自由地在整个欧洲联盟里面流动。加之欧盟认为保加利亚腐败严重，会因此在边界控制方面出现大漏洞，进而使欧盟的边界控制失控，这是欧洲联盟最不希望看到的情况。那么这两个国家现在政治地理位置到底应该算作什么？不详。就是这两个国家比较特别。

从近代以来地理位置上来说，一些学者认为，像匈牙利这样的国家不应该放在中欧概念里面，他们认为，多瑙河以南的区域都应称为东南欧。而匈牙利恰恰是被多瑙河将国土南北一分为二，匈牙利怎么能够放在中欧呢？所以他们认为应该是放在东南欧里面。但是从政治地理上来说，所有已经加入到欧洲联盟的国家都不能按照自然地理来区分。

"16+1"的概念，是中国外交部自己创造的一个词汇。在国际政治当中，只有在讲到中国跟中东欧国家合作的时候，才会有这样的称呼。

（二）中东欧领土、人口、民族、宗教

总体上，中东欧国家领土面积和为 116.61 万平方公里，与我国内蒙古自治区的面积（118 万平方公里）相差无几，占欧洲总面积的 11.4%。中东欧国家人口共 1.187 亿人，比我国广东省人口（1.04 亿人）稍高，占整个欧洲人口总数的 16.3%。其中，波兰是最大的国家，其领土面积为 31.26 万平方公里，有 3813 万人口；最小的国家为黑山，其领土面积仅 1.38 万平方公里，人口仅 64 万。要是按中国这种规模来看，无论是面积还是人口，中东欧国家都是中小国家，甚至连中等国家都算不上。

说到中东欧国家的多样性，这里的多民族反映了这样的一个情景。大家最重要的是要记住什么东西呢？在整个中东欧国家里边，斯拉夫族人占的比例是相当大的。由于斯拉夫族人分布在不同的地理位置上，我们称之为西斯拉夫、南斯拉夫、东斯拉夫。其中，西斯拉夫人主要集中在波兰、捷克以及斯洛伐克，南斯拉夫人主要是塞尔维亚、马其顿、保加利亚、黑山、斯洛文尼亚以及波黑穆斯林等。中东欧国家除了斯拉夫族人以外，还有乌戈尔人、伊利里亚人以及罗姆人（吉普赛人）。在中东欧国家里，当一个民族的主体民族的构成占整个国家人口的 80% 以上或者 85% 以上的时候，在国际学界里面被认为叫单一民族国家。波兰、捷克、斯洛文尼亚是这样的国家，那么应该确定地说这三个国家里边的捷克人、波兰人或者说是斯洛文尼亚族人占整个全部人口至少 80%。目前中东欧国家的民族矛盾尤为突出，如科索沃阿尔巴尼亚族人和塞尔维亚的塞族人的矛盾。

美国的一个教授很久之前说过一句这样的话，说巴尔干今后的问题一定是阿尔巴尼亚族人的问题。斯洛伐克驻华大使也曾经说过，欧洲未来的问题是什么问题？是伊斯兰政治化的问题。

除了民族之外，中东欧国家的宗教教派繁多。中东欧国家的宗教主要分为东正教、天主教、伊斯兰教、路德教以及其他基督新教。其中，东正教国家有罗马尼亚、保加利亚、塞尔维亚和马其顿；天主教主要信教国家有波兰、立陶宛、克罗地亚以及斯洛文尼亚；伊斯兰教主要信教国家有阿尔巴尼亚、波黑和黑山；爱沙尼亚主要信奉路德教；捷克、匈牙利、斯洛伐克以及拉脱维亚信奉其他基督新教。

（三）中东欧政治、经济

现在说说中东欧国家政治方面。在整个欧洲，北约跟欧洲联盟是两个最著名的国际组织。在1990年之后到现在为止，中东欧国家没有加入北约的现在只剩下了塞尔维亚跟波黑两个国家。塞尔维亚大家可能知道，尤其1999年因科索沃问题，塞尔维亚在科索沃战争中遭到北约的轰炸，塞尔维亚人的心结到现在仍未解开，没有申请加入北约。波黑是由于自己的内部问题，到现在为止没有被接纳到北约。到目前为止，还有5个国家没有加入欧盟，即塞尔维亚、黑山、北马其顿、阿尔巴尼亚以及波黑。上述已经提过按政治地理划分西巴尔干的概念是所有没有加入到欧洲联盟里面去，但地处东南欧国家的这些国家，被称为西巴尔干。如果以后某一天，塞尔维亚和黑山加入欧洲联盟，那么这两个国家就不在西巴尔干的概念里面。

目前最困难的是波黑。波黑从严格的意义上说，不是一个完整的国家，其在整个中东欧国家里面是最为混乱的。现在波黑的民事警察是由欧洲联盟提供的六千余人在维持，波黑的行政功能都是由欧洲联盟的民事机构来处理。现在最大的问题是，当欧洲联盟的民事工作人员离开了之后，波黑能否成为一个正常国家运行。从国际关系的主体上来说，波黑这个国家算不算一个真正意义上的主权国家，都还有待商榷。只有一个正常的拥有主权的国家，才能够去申请加入北约以及欧盟。目前，波黑加入这两个组织还遥遥无期。

申根区刚才我们说了，保加利亚跟罗马尼亚加入欧盟之后，还没有加入申根区。申根区是什么概念呢？对于加入申根区的国家公民而言，这一区域非常像一个单独的国家，在该区域内的各个国家之间几乎不存在边境管制，可以自由出入、工作以及定居。但如果是非申根区国家的公民，则需要非常繁琐的手续以及要求。另外，欧元区现在也是一个大问题。在加入欧洲联盟的时候，有一个约定，即加入申根区的国家应该加入欧元区，这是所有欧盟成员国的一种义务。加入欧元区的条件是欧洲央行所规定的预算赤字不能超过 3%，公共债务不能超过 GDP 的 60%。只要满足了这两个标准，就应该加入欧元区。但是现在有相当多的国家，比如像波兰、捷克等国家，已经完全满足条件，但他们就不加入。为什么呢？因为欧元区里面只有这个货币政策，没有财政政策。也就意味着当发生危机的时候，如 2008 年金融危机的时候，欧元区国家不能通过自己的货币贬值来预防危机。而像波兰这种国家恰恰因为没有加入欧元区而在 2008 年通过自己的财政政策，很有效地避免了危机的冲击。现在的一个问题是，尽管有些国家现在已经加入欧洲联盟，并且已经在相当程度上满足了加入欧元区的条件，但是这些国家依然不加入，他们就是要等欧元区的经济发展相对稳定了之后，才有可能去考虑加入的问题。但是很有意思的是，现在经济状况不好的保加利亚等国家表示其已经满足了欧元区的加入标准，要准备加入到欧元区。

中东欧 16 国的经济规模，2018 年中东欧 16 国的经济规模达 16920 亿美元，占欧洲 40 国经济规模（217943 亿美元）的 7.7%，不到 8%。从这个意义上，中东欧国家的整体经济的发展水平还是相对比较低的。2020 年中东欧国家的经济规模数据来看，波兰的经济状况是最好，其排名也最高。但是由于疫情的问题，几乎所有的欧洲国家的经济都在下行，但是波兰经济状况依然保持较好（尽管他的经济规模比 2019 年也是要低）。所以疫情对中东欧国家或者对整个欧洲经济影响还是非常大的。

（四）中东欧次区域组织

在中东欧地区，你可以看得出来这些国家虽然加入了欧洲联盟，但是为了满足自己在某些特定领域跟某些特定政策的利益时，与有共同愿望的国家，又组成了很多小的区域性组织。从国际关系的角度来说这意味着什么呢？就是在一个大的国际关系中存在一个小多边。这些小的区域性组织主要有维谢格拉德集团、三海倡议、卢布林三角以及中欧自由贸易区等。

维谢格拉德集团（简称"V4"）是 1991 年成立的，成员国是波兰、匈牙利、捷克、斯洛伐克 4 个国家。因为它的成立的时间比较早，是在没有加入欧洲联盟之前，所以其整个功能就是在加入北约跟欧洲联盟的过程当中，这几个国家要相互帮助，一起加入。这个组织在加入欧洲联盟之前很活跃，加入联盟之后的相当长的一个阶段里面，没有目标了，处于一个平台期，基本上看不到它的活动。最近这几年又重出江湖。他们现在不是以加入某个组织这种目标为合作主题，那现在是什么？现在更多的是以共同利益的议题为核心进行合作，比如说难民问题上，"V4"这些国家共同发表声明，在难民问题上持共同立场。

三海倡议是最近出现的合作组织。三海是什么？波罗的海、黑海、亚德里亚海。就是从南到北沿"三海"的国家成立了合作组织，其成员国有 12 个。他们的目标跟咱们中国"一带一路"是差不多的——主要在互联互通建设方面发挥作用。

卢布林三角是去年刚刚成立的，他的功能除了政治经济互联互通之外，更多的一个潜在的功能是参与乌克兰跟俄罗斯的联系，通过中东欧的触角去参与欧亚事务。

在这里我特别想说一下中欧自由贸易区，这个原来是波兰、捷克、匈牙利、斯洛伐克他们组织起来的，结果这些国家 2004 年加入欧盟了，结果中欧自由贸易区就有点像我们刚才说的西巴尔干。所有已经加入到欧洲联盟里面去的，就不再被称之为西巴尔干。而中欧自由贸易区里面已经加入欧洲联盟里面的国家也脱离了（中欧自由贸易区）。现在这个中欧自由贸易区成了西巴尔干地区国家的经贸合作组织，包括塞尔维亚、马其顿、克罗地亚、波黑以及阿尔巴尼亚这些东南欧国家。但是由于初期开始成立的时候是叫中欧自由贸易区，现在没有改名，还叫这个。在中东欧国家没有加入欧洲联盟之前，欧洲联盟希望中东欧国家能够有地区合作的经验，所以，大家可以看到，在欧洲联盟向东扩大之前，整个中东欧国家间次区域合作是很活跃的。而且欧洲联盟也很鼓励他们进行区域合作，希望未来的成员国通过这种合作来消除国家间的对抗性，来实现他们成员国间关系的和睦。欧洲联盟扩大的一个前提条件之一是什么？所有加入成员国不能有民族矛盾，不能有边界冲突。所以通过这种地区合作，可能能够达到这样的一种可能性。尽管他是一个经济上的合作组织，但是他（欧洲联盟）希望能够达到政治和睦的可能性。

二、中国—中东欧国家关系

现在我们切入到正经的话题里面，谈一谈在说特别热的话题——中国跟中东欧国家的关系。我们和中东欧国家到底是怎样一个关系呢？从 1949 年新中国成立到现在为止，我们和中东欧国家发展关系大概有 71 年。我把 71 年划分成 7 个发展阶段，也就是

1949 年到 1959 年。1949 年到 1959 年是中国跟东盟国家发展关系最好的一个阶段。

| 1949-1959 同志＋兄弟 | 1960-1978 中苏论战影响 | 1978-1989 恢复国家和党际关系 | 1990-1995 相互观察重新定位 | 1995-2004 布达佩斯原则 | 2004-2012布加勒斯特原则 | 2012-开展多领域合作 |

中国—中东欧关系演进

新中国正式成立，中东欧国家也是刚刚建立社会主义不久，严格意义上说中东欧国家建立社会主义不是第二次世界大战结束之后就立刻建立起来的。1945 年到 1947 年底有一个过渡期，这个时期叫"人民民主"阶段。真正建立社会主义制度是在捷克 1948 年二月革命之后。所以严格意义上说，1948 年之后，整个中东欧国家才开始建立苏联式的社会主义制度。从这个意义上说，中东欧国家建立社会主义制度只比中国早一年。所以，新中国成立之后要建设社会主义，必然要向已经建立社会主义制度的中东欧国家学习。尽管（中）东欧国家比我们只早了一年多，但是我们还是抱着学习态度。所以在整个 1949 年到 1959 年的这个阶段里面，中国跟（中）东欧国家关系是最好的，这个时候叫"同志＋兄弟"，而且什么东西全都学。

1960 年到 1978 年中苏关系出现波折，大部分东欧国家都站在苏联一边，所以（中）东欧国家与中国的关系自然因为苏联跟中国的关系变坏就变得不好。在整个关系不好的（中）东欧国家里面，谁批判中国或者批评中国最多？是捷克。除了莫斯科批评中国之外，在（中）东欧国家里面批评中国最多的是捷克人。他们的共产党报纸叫《红色权力报》，他们在这上面发表批评中国的文章可能是中东欧国家里面最多的。

从 1978 年到 1989 年是中国与中东欧国家恢复国家和党际关系的时候。这里面有一个概念性的东西，大家要清楚一点：就是在社会主义制度下，社会主义国家之间，国家间关系是第二位的，党的关系是第一位的。就是说只有党的关系好的时候才有一种好的国家间关系，如果党的关系变坏了，国家间关系一定是不好的。所以大家可以看出来，为什么这个时候是好的？就是因为党的关系这个时候开始改善了，所以国家间关系逐渐向好。1978 年到 1989 年的时候，为什么说先恢复国家和党际部分。大概在 1982 年的时候，由于我们跟苏联共产党的关系尚未恢复起来，中国共产党领导人认为，我们可以先从中东欧国家入手，所以中国实际上是先与中东国家恢复这种关系。1989 年戈尔巴乔夫访问北京之后，中苏关系开始变好，那么中东欧的这些国家随着苏联跟中国关系变好。这个时候党和国家的关系开始又重新建立起来，执政党和国家领导人相互之间开始走动。

　　1989 年是什么样的一个阶段？1989 年是整个中东欧国家开始从社会主义变化到资本主义的过程。这个过程从 1989 年开始，第一个开始的国家是谁？是波兰。最后一个结束的是谁？是阿尔巴尼亚，1991 年 7 月份。所以整个中东欧国家经历的历史变化过程是 1989 年到 1991 年。那么剧变了之后，对中国有什么影响呢？我们刚刚跟这些中东欧国家建立起来的国家之间的关系，党政之间的关系也有所恢复，突然间这些国家又从社会主义变成资本主义。我们原来都是社会主义，现在他们变成了资本主义，我们怎么办？我们一时不知道怎么办。1990 年到 1995 年中国用了 5 年的时间，中国观察中东欧国家那边发生了什么事情，看一看还能不能跟他们建立这种相互合作的国家关系。这几年可以叫相互观察，重新定位的阶段。这个阶段用了 5 年。这 5 年里中国外交部的部长副部长遍访了中东欧国家，最后得出来这样一个结论：尽管我们远隔千山万水，但是我们之间没有根本的利害冲突，可以在新的基础之上来建立新型的国家间关系。而且正是从 1995 年起，我们开始称剧变后的东欧国家为"中东欧国家"。

　　2004 年是一个重要年份。这一年为什么是一个节点呢？因为，2004 年有 8 个中东欧国家加入了欧洲联盟。中国认为，再小的国家加入到欧洲联盟里面去，他们在欧洲联盟的对外政策里面也有关键性的一票，我们希望这些国家在中欧关系里面能够发挥一种建设性的作用。中东欧国家加入欧盟后，中国政府已经把他提升到一种具有战略意义的层面。通过在布达佩斯宣布尊重中东欧国家人民的选择，重新与中东欧国家建立新型关系，到 2004 年又把中东欧国家提升到具有战略意义的这种层面上来。

　　应该说从 1995 年到 2004 年这个 10 年期间里面，中国跟中东欧国家的关系有一个长足的发展。但现在中国与中东欧国家关系中的一个大问题是，我们在和欧洲联盟打交道的时候，或者与已经加入到欧洲联盟里面的中东欧国家打交道，在有些问题上我们不知道要先同欧盟打交道，还是需要先同当事国打交道。就是说有的时候我不知道他是在欧洲联盟的法律法规规范下，当事国（即便是欧洲联盟的成员）的行为是自主还是接受欧盟规范的。有的时候分不特别清楚，所以有的时候我们在多边跟双边关系方面显得十分困惑。

我们跟中东欧发展了国家间关系之后，我们建立了什么新型关系呢？在社会主义时期，中国与中东欧国家的关系基础是意识形态，现在转变为利益主导，这是一个在新型国际关系或者中国跟中东欧国家新型关系最重要的一个转变，双边关系的质量不断提升。我们刚才说布达佩斯原则是什么？就是尊重中东欧国家人民的自主选择，这是第一步。第二步是库布加勒斯特原则把中东欧国家提升到应该有的地缘政治战略的高度。到2004年的时候，中国跟中东欧国家的关系经过10个年头的发展，已经有了质的提升

三、中国－中东欧国家合作

我们去投资，中东欧国家是很欢迎的，但实际的合作情况怎样的呢？今天来看，在整个中东欧国家的合作，实际的合作情况是人文交流、论坛、教育交流、研究等好像做得更好一些。在人文交流里面，我们给中东欧国家提供5000份奖学金到中国来学习汉语，邀请1000个学生到中国来专门学汉语。与此同时，我们派出1000人到各个国家去学专业。到现在为止，在教育部的支持之下，现在我们到中东欧国家去留学学习以及出访的机会显然是比2012年多。

从2012年起到目前为止，我们做的最活跃的一种交流活动是论坛。这当中有青年政治家论坛，有教育政策论坛，有文化合作论坛，有地方领导人论坛。我们的论坛搞得特别多，青年政治家论坛是由中国中联部筹备的，每两年举办一次，由中国驻中东欧国家的大使馆米挑选一些能在未来的政坛上可以有所作为的青年人来中国开会。

现在我们在谈论的问题是中国为什么要和中东欧搞合作？一种说法是叫平衡中欧关系，另外一种说法是平衡中美关系，还有一种说法是我们要到中东欧去获取新的市场。这些说法我们大家伙可以看出来能不能成立？比如说我们在走出去的过程当中，我们已经走到了拉丁美洲，走到了非洲，在亚洲也有一定程度，但是唯独没有到中东欧。我们跟欧洲的西部国家已经发展关系那么多年的时候，我们对中东欧是视而不见的。那么从

这个视角出发，中欧关系在 21 世纪第一个十年以来有这种下行的趋势。我个人认为更本质的东西就是希望，通过和中东欧国家的合作，能够使他们在中欧关系里面发挥建设性作用来改善中欧关系。

从 2012 年启动这种合作到目前为止，这种初期的这种成果是一个怎么样的？总理定期会晤——从 2012 年以来一直到 2019 年在疫情发生之前，每一年中国的总理都要和 16 国的总理在某一个地点会晤。这些中小国家认为他们在没有正式被邀请访问中国之前，他们见到中国领导人的这种可能性几乎是零。所以从这个角度上来说，中东欧国家认为有这么一个机会见到中国最高领导人，并且表达他的诉求，所以中东欧国家还是很看重的。

从外交的角度来讲，中国提出"16+1"，是继上海合作组织之后，第二个自主的提出来的在多边框架下进行合作的产物。这是一个创新，但是如何学习在多边的场景之下来发展双边关系？"17+1"到底是什么一种性质？到底是一个多边框架还是一个双边框架？到目前为止，除了匈牙利跟塞尔维亚这个铁路项目是三方合作之外，所有的部分项目落地都是双边基础上发展的。那么既然是双边的合作为主导，那么在多边框架下它的意义又是什么？所以这个双边跟多边的意义到底是什么？我们现在还不是特别清楚。但这样的一个合作框架，在我们外交的实践过程当中，给我们提出来新的学习的可能性——除了在联合国以及上海合作组织之外，中国第三个多边合作框架就是与中东欧国家合作。所以，从外交的角度来讲，或者从外交学以及外交实践的层面上来说，"17+1"的提出对我们在外交实践中的学习有很大帮助。另外一个就是在"17+1"框架下，我们叫多边化。那么在多边化里面，我们双边的合作更多，多边合作却不多见。所以从组织形式来说，我们是"双边＋多边"多边化式合作。

现在说一下中欧班列。中铁公司最新的统计是，2021 年 3 月，中欧班列共开行大概 33,600 列，国内始发 29 个城市，途经国外 21 国 92 城，共计运输货物的价值是 1600 亿美元。中欧班列的优势是什么？是海运时间的 1/3，只有空运成本的 1/5，所以说从这个意义上来说是很有趣的。而且从量变到了一个质变，就是从最初解决本地货物出口到成为中国对外贸易运输的一个重要途径。中欧班列最初是在重庆的飞利浦计算机公司，他的制成品要通过铁路往欧洲运。

四、"16+1"合作中的问题

中国与中东欧国家合作取得了很多成果，但也还存在一些问题。这个我想特别说一下，中东欧国家从社会主义到资本主义之后是改型的西方议会制，西方议会制的一个基本特点就是每4年改选一次。领导人是选民选出来的产物，所以领导人的关注点更多的是选民所关注的国内问题。当选民关注的国内问题不能够解决之前，他不可能担任或连任，甚至出国访问。更重要的是，随着近年来中国与部分中东欧国家的实质性合作成果相对比较少，选民就会说"你花了那么多的钱，花纳税人那么多钱到中国去一趟，两手空空的回来了？"反对党在新一次竞选过程中就会以此来攻击他，所以，国内优先是中东欧国家领导人的第一要务。

第二，中国与中东欧国家相互之间缺乏深度了解。这个深度了解是因为什么呢？中东欧国家在1989年政治形势剧变，从社会主义变为了资本主义，到现在为止转轨（转型）30多年了。那么30多年中东欧国家的政治经济社会到底发生了什么样的变化呢？现在越来越多的人搞中东欧研究，全国各地也成立了好多的国别与区域研究中心，但是真正研究中东欧国家内部事务，真正关注中东欧国家从1989年以来到现在为止，经济转型、政治转型社会变化的研究人员非常少，以至于我们并没有充分了解中东欧国家30年间的情况。

另外，在16个国家里面有11个国家都是欧洲联盟成员国，如果加上希腊的话，17个国家里面有12个国家是欧盟的成员国，但是欧盟对外合作的法律法规到底是怎么样的情况？我们也不知道。而且偌大的中国研究欧盟法的中国人屈指可数。我觉得由于我们对欧洲联盟法律法规情况的不了解，以至于我们与中东欧国家搞具体合作的时候，不知道如何应对。

最后简单讲一下，现在跟中东欧国家相关的外部力量都有谁？刚才我们说除了欧洲联盟，俄罗斯，中国作为后来者，还有美国人。这里面我特别想提到的德国。在整个欧洲联盟里面最反对中国与中东欧国家合作的就是德国人。你可能想象不到，中德关系这么好，中德的经贸关系也这么好，为什么他是最反对中国与中东欧国家搞合作的？因为在中东欧国家里德国有很多经济利益。德国在捷克、波兰、匈牙利和斯洛伐克建立了庞大的汽车产业链，现在德国汽车产业布局是，设计和销售在慕尼黑，汽车制造相当一部分在中东欧。因此，德国特别怕中国在中东欧国家建了产业园之后，与德国的产业链进行竞争。

2012 年我们跟中东欧国家开展合作的时候，我们面临的不是这样的一种形势。我们今天碰到的这种新的地缘政治格局是什么？越来越多的大国或者中型国家，像德国，像土耳其（其影响势力基本上是在巴尔干这个区域里面）在中东欧地区进行博弈。我觉得要特别关注大国竞争对中国与中东欧国家合作的影响。

由于时间关系我们只能讲到这里。非常感谢。

（2021 年 5 月 18 日）

争妍列国

法国现代政治分析

主讲人：许振洲

内容提要： 本讲座脉络式呈现了法国现代政治的演变、特点与动向。讲座共分为两部分，第一部分主要介绍法国现代政治的相关背景，具体分析了法国现代政治的起源、法兰西第五共和国的现行政治制度以及法国政治文化的四个特点。第二部分聚焦近年来法国政治的发展动向，重点介绍了近年来法国日益突出的社会结构变化及社会矛盾激化、法国政党格局的迅速变化，反思了全球化对法国带来的影响。

主讲人简介： 许振洲，北京大学国际关系学院比较政治学系教授、博士生导师，法国波尔多第一大学政治学博士，曾任北京大学国际关系学院比较政治学系主任。主要研究领域为西方政治思想史、法国当代政治、比较政治，深受北大学子喜爱。

一、法国现代政治相关背景

（一）法国现代政治的起源

法国现代政治起源于 1789 年的法国大革命。当时，法国通过了《人权宣言》，建立了共和国；把国王和王后送上了断头台，并没收了教会的财产。因此，法国大革命被称为一次比较彻底的资产阶级民主革命。大革命之前，法国是一个典型的君主制国家，是一个强势的中央集权制君主国。在著名的太阳王路易十四统治期间，法国王权上升到高峰，国势强盛，国王的权力与旧制度之下不可同日而语，引起的批评当然也很多。大革命废除了君主制，建立了新的政体——共和国。另一方面，天主教在旧制度下对法国政治有甚深影响。而大革命从根本上撼动了天主教的地位，宗教在法国人的政治、社会和精神生活中的重要性逐渐下降。所以，这个是一场不折不扣的革命，是一个重大事件。

1848 年的二月革命，也是法国现代政治起源的一个重要节点。法国大革命以后，拿破仑建立了法兰西第一帝国并四处扩张，占领了意大利、西班牙和德意志的大部分地方，甚至打到了俄罗斯，盛极一时。极度扩张引发的后果是，英国联合其他几个欧洲国家，通过几次反法联盟战争打败了拿破仑，并且把他放逐到厄尔巴岛上毒死。拿破仑被推翻之后，路易十八的波旁王朝复辟，史称复辟王朝。1830 年 7 月革命后，建立了奥尔良的"七月王朝"。1848 年，法国爆发了"二月革命"，随后建立了法兰西第二共和国。"二月革命"不仅仅是法国的革命，也影响了整个欧洲。"二月革命"第一次在人类政治史上实现了普遍选举制。从那时起，法国一直延续着这一政治传统。只要你达到一定的年龄，无论出身、宗教信仰、教育程度、政治立场有何不同，都享有平等的选举权利。这是法国现代民主制度的真正起源。

1852 年，拿破仑的侄子拿破仑三世建立了法兰西第二帝国。但他的野心大于能力。1870 年法国在普法战争中被德意志打败。之后出现了法兰西第三共和国。1940 年希特勒占领法国，法兰西第三共和国结束。

1946 年二战结束后建立了法兰西第四共和国，但只延续了 12 年。

1958 年戴高乐重新回归政坛，建立了法兰西第五共和国，直到现在。

这是对法国现代政治史的简单回顾。

法国的现代政治通过以上一系列的历史事件逐渐奠定了基础，确立了共和制，民主制度得到民众的拥护。1848 年以后选举成为法国政治的核心要素。即使是第二帝国期间，也存在着多次的选举，特别是有多次的公民投票。更不用说第三共和国之后。民主的含义究竟是什么，不免见仁见智。但大家至少口头上都承认民主制、拥护民主制。

（二）法兰西第五共和国现行政治制度的几个问题

1. 总统制还是半总统制？

第五共和国是一个半总统制政体吗？这是一个有争论的问题。什么是总统制，什么是半总统制，什么是议会制？美国是典型的总统制国家。总统是这个国家的国家元首，权力很大。国会当然能够牵制总统，但是双方的权力是有明确分割的。在议会制国家中，议会掌握国家的主要政治权力。国家的元首可能是总统，也可能是国王，但只是名义上的政治领袖，并不握有实际权力，例如英国、德国。法兰西第三、第四共和国也是典型的议会制政体。第五共和国建立以后，法国政治学家首先提出这是一个"半总统制国家"，即总统的权力比议会制国家的总统权力大，但比总统制国家的总统权力小。然而经过了

60 多年的发展，特别是由于多数选举制的实施及议会中稳定多数党的存在，第五共和国其实已经由一个半总统制国家演变为一个典型的总统制国家了，甚至是一个超过美国总统权力的总统制国家。

2. 政党格局与二轮多数选举制

法国政治的第二个特点体现在它的政党格局上。现代西方政治其实就是政党政治。从理论上来讲，国家的最高权力属于全体人民，这是所有现代国家都承认的原则，即人民主权原则。但是人民不会或者不能直接行使自己的主权，而是通过自己的代表来行使，即代议制。选举代表是代议制政治的核心环节。但是，人民怎样去选举代表，谁来提出候选人，谁来提出竞选纲领，谁来整合民意？这些主要是通过政党来进行。所以，理解政党政治是理解现代西方国家政治的关键。

法国的政党格局不断有所变化，而这种变化是与采取比例选举制还是多数选举制直接相关的。第三共和国中期以后经常采用比例选举制，所以形成了典型的多党政治。多到什么程度呢？当时法国的国民议会（下院）中经常有 30—40 个大大小小的政党。没有任何一个政党能够独自形成稳定多数，即拥有一半以上的席位。这种情况下，往往是几个政党结成执政联盟，获得 50% 以上的多数席位，组成政府并产生总理。比例选举制有好的一面，但更多时候我们看到的是其运行不良。遇到重大问题时，政党之间很难长期达成一致意见，会发生争执并最终导致执政联盟破裂。执政联盟一旦破裂，政府就得不到议会的支持，最终不得不辞职。然后重新选举，再组成新的执政联盟，再选举产生新的政府和总理。政府更迭的频率快到什么程度？法国著名的政治家富尔说第三共和国任何一个政府的寿命都不会挺过 6 个月。事实也的确如此。

1939 年 9 月希特勒进攻波兰，英法对德宣战，1940 年 6 月法国战败。这一年里法国换了三届政府。在这样一个政府更迭的频率下，怎么指望他们能够制定长期战略，有稳定的外交、国防政策，能够应付希特勒的侵略战争？

1944 年至 1946 年，戴高乐成为法兰西临时政府总理。他认为法国政治的重大问题之一就是政党繁多、忽略国家利益及造成的行政权权威不张，主张第四共和国应该采用新的制度。但是，他的势力抵不过老牌政治家们，只得愤而辞职。第四共和国仍沿用原有的比例选举制，仍维持着原有的政党格局。第四共和国存续的 12 年间一共产生过 25 届政府，平均寿命还不到 6 个月。第四共和国的政党格局与第三共和国没有任何区别，议会中一群政党每天争吵不休。到了 1958 年，戴高乐重返政坛，开始各项改革，其中一个主要的改变就是选举制度。

我们来简单总结一下政治学的两个基本概念：比例选举制和多数选举制。如果全国有 20 个政党，每个政党按照得票的比例分配议会中的议席，这就是比例制选举。这个制度听起来很合理，就是你得了百分之几的选票，你就得到百分之几的席位，能够准确反映选民的意愿。但是，它很容易造成议会内部政党林立。哪怕我是一个小党，我也可能进入议会，占有若干席位。对于很多政治家来讲，这就够了。所以，在法国这样一个国家中，只要实行比例制选举，基本上会出现议会中政党格局混乱的状态。多数制选举制简单粗暴，比如说一个选区有一个议席，那么谁获得多数选票（简单多数制比绝对多数制更加粗放），谁就得到该议席。如果全国有 100 个选区，而 A 党在每个选区都得到 49% 的选票，B 党在每个选区都得到 51% 的选票。这样在全国范围内 B 党只比 A 党多 2% 的选票，但却可以获得全部的议席，这就是多数制选举（绝对多数制）。多数制选举并不准确反映民意。但是，它有利于大的政党，同时挤压小党的生存空间，所以最大的好处是可以简化议会中的政党格局。第五共和国的选举制度基本是二轮多数制。于是法国的政党格局从 60 年代中期以后开始走向简单化，逐渐形成了两大阵营四个大党的局面：一是左派阵营，包括法国共产党和法国社会党。一是右派阵营，包括保卫共和联盟和法国民主同盟。80 年代后这两个联盟轮流执政，小党的活动空间很小，容易被泡沫化。这种格局一直维持到 21 世纪初。

3. 中央集权传统与地方分权改革

第五共和国政治制度的第三个特点是：一方面，法国有很强的中央集权传统。另一方面，法国在 1982 年以后进行了地方分权改革。

什么是中央集权？这个问题国人一般感触颇深。中国从秦王朝建立，或者说更早些的秦孝公和商鞅变法，就是要建立一个中央集权的制度。国家的权力主要集中在中央政府手中。秦始皇统一中国后，把中央集权制扩大到了整个中国的范围（"六国毕四海一"，书同文车同轨）。相比之下，欧洲封建时代的核心特点就是没有统一的中央政权，诸侯林立、各自为政。"我领主的领主，不是我的领主"。这是当时欧洲政治与中国政治的巨大不同。

一般认为法国的中央集权形成于路易十四统治时期。举措之一是他建起了宏伟壮丽的凡尔赛宫，将地方大贵族集中到了国王周围，借此来削弱其影响力。有很多史籍记载了当时的情况。国王很不容易，早晨还没起来，就有贵族来看他，一波贵族看着他起床，一波贵族看着他穿衣服，一波贵族看着他坐马桶，另一波高级贵族看着他吃早饭，还有一波贵族跟他处理政事。他一般上午 10 点以前处理政事，然后一群贵族陪着他在园林里闲逛。在这种风气的影响下，地方大贵族认为在自己的封地上做领主不够光荣，能够到巴黎陪在国王身边才是值得夸耀的事情。而且，卢浮宫、凡尔赛宫中都建有巨大的舞厅来举办舞会。贵族妇女们参加舞会时要在服装上争奇斗艳，要佩带各种首饰。这导致大部分贵族为此负债累累，不得不向银行家借钱。无法偿还时，这些地方贵族就躲在凡尔赛，因为凡尔赛宫的周围都是属于国王的领地，资本家或者银行家没有权利到国王领地上去收债。慢慢地，凡尔赛就变成了一个漂亮的小城，有大量漂亮的房子。当然，法国实现中央集权并不是这样一个手段，这只是一个好玩的例子。在法国大革命之前，通过这些手段法国的政治权力已经高度中央集权化了。在各种意义上巴黎都成为了法国的中心。

法国大革命加剧了中央集权的趋势，完成了中央集权的进程。主要的事情都由巴黎来决定。官员不再是地方的代表，而是中央派出的官员。这个体制的好处是迅速集中了全国的力量，而缺点则是效率太低，也与民主自治的理念相冲突。一直到现在我们仍然能够感受到中央集权的存在。比如法国的大学在财政方面没有多少自主权。动用数目稍大的款项就得向中央有关部门打报告。这还是经过了地方分权改革以后的情况。《红与黑》作者司汤达曾经在《拿破仑时代的生活》中描写过这样的场景：有一个教区，教区教堂的风向标需要修复，预算大约是 6 埃居。申请报告送到巴黎某一个不见阳光的办公室里，桌上堆满了全国各地送来的案卷，上面落满了灰尘。桌子后边坐着一个面色苍白的小官吏。他根本不知道这个教区在哪，这个教堂好不好跟他也没有任何关系。但是，他得一个报告一个报告地批。大约 6 个月后，这 6 埃居的预算终于批下来了，但是，教堂用当地农民的捐赠早就把风向标修好了。

欧洲大陆各国在 70 年代以后普遍兴起了地方分权潮流。1982 年，法国也开始了地方分权改革。当时的法国总统密特朗称之为"一场静悄悄的革命"。表面上改革的动静不大，但是实际上它深刻改变了法国的政治传统与制度。改革后中央和地方各有各自的权力范围，地方官员不再是中央委派的官员，而是地方民选的代表。一个省或大区的居民通过选举产生省或大区议会，推举出省长或大区主席。不管是省长、大区主席还是他们的下属办公人员，其身份已不再是中央的派出人员，而是地方的民选代表。经费也在向地方倾斜，做了分税改革，有一部分税由地方征收。这样，法国已经变成了一个中央集权和地方分权相结合的国家。

（三）法国的政治文化

法国的政治文化传统是一个很有意思的话题。

什么是文化？文化是人们的思维方式、观念、习俗等的组合，其主要目的是教育人、规范人，让人的行为举止有规矩。因此，文化和教育密不可分。为什么我们推崇孔老夫子，其实就是他给你制定了一系列的规范，使得大家终于有了些规矩，不再是没有开化的野蛮人。鲁迅先生经常谈国民性，国民性在根本上也是指某一个国家的文化。人们经常是通过文化来标定"谁是我""谁是别人"，就是找到认同感。现在国际政治中越来越强调身份认同的问题，这在很大程度上也是文化的问题。政治文化是文化的分支，它是文化在政治领域的体现和反映。各个国家有不同的文化，也有不同的政治文化。相对于一国的政策或制度，政治文化相对稳定，不易改变。它不能精确化，不能准确定义，不能量化，但是你能够清晰地感受到。

我们了解一个国家的政治，首先要了解这个国家的政治文化。同一个政治制度在一个国家运行是这样的结果，到另一个国家运行就可能完全变了样。这很可能就是两个国家政治文化的差异造成的。一定的政治制度是建立在一定的政治文化基础上的。政治制度相对来讲容易变，一次公民投票就可能改变一个国家的政治制度。但是，政治文化变得很慢，因为它植根于人性。一百年前的法国哲学家阿兰说过"政治从来就不会改变，因为人性从来不会改变"。就是说，只要人性不变，政治就不变，政治文化就会很长远。

法国的政治文化有这样几个基本特征。

1. 独特的个人主义

个人主义是一个哲学和政治学范畴的词汇。它是中性的，不同于伦理学范畴"自私"的概念。个人主义的核心是指在政治生活中，个体先于群体，个体重于群体，群体是为个体服务的。与之相对应的是群体主义或者叫集体主义。这是两种不同的选择。西方现代政治的基础是个人主义。大家首先承认了个人主义的取向，才有了后来的社会契约理论、人民主权理论，才有了代议制民主等。对于大多数的法国人来讲，国家是什么？政权是什么？他不认为国家或者权力是他的保护者，而是一种外在的力量，很可能是一种危险的力量，所以需对它们保持充分的警惕，这是个人主义的传统。其他国家的个人主义对国家、政权基本也是这种态度。

那为什么又说法国的个人主义有其独特性？个人主义的一般逻辑是：你认为国家很危险，不希望国家管着你，也不希望为此交很多的税。反过来当我遇到问题的时候，我也不指望谁来帮助我，我依靠我的个人奋斗、依靠我的家庭和社区，而不是依靠国家。这是典型的个人主义传统，是可以解释通的。但是，一般法国人在需要向国家尽义务的时候，是典型的个人主义者，不希望尽义务。但当他有任何需要的时候，又希望国家来帮助他，这和其他国家的个人主义是不太一样的。举个例子，假如我们现在过得不好，你会怎么解释其原因呢？你可能说是因为我不够聪明，不够努力，或者干脆是运气不好。但法国人的经典回答是所有个人的不幸全是由制度、社会、他人造成的，跟我没有关系。我是好的，只不过我周围的环境、制度、国家不好。所以，我该反的时候要反他，但是我该要得到的东西时我又要找他。法国的社会保障体系和社会管理方式也是在这样一种独特的政治文化基础上建立起来的。

法国现在遇到了很多困难，其中之一是社会保障体系入不敷出。法国的社保体系庞大到比法国的国家预算还要大。这个钱怎么来？不管你是在国营企业还是在私营企业工作，假如平均收入约 1 万元人民币，其实雇主付出的差不多是 2 万元，1 万元付给员工，另 1 万元付给社会保障体系。员工的 1 万元收入还需要交税。1 万元人民币收入应该交13% 左右的税，2 万—3 万元的收入就需要交 20%—25% 的税，如果月薪超过 10 万元就需要交 30% 多的税。雇主和员工支付的钱共同构成了社会保障体系的财政来源。这个体系功能强大，几乎什么都管。你失业了，它付失业金；你退休了，它付退休金；你生病了，基本所有的医疗费用都是报销的，而且医疗保险不仅自己可以用，你全家都可以用。自己可能需要付一小部分，如果你不想付这一点点钱，你可以一年花 3000 元左右的人民币买一个互助保险，就基本可以保证所有医疗费用都可以报销了，甚至包括牙医费用。法国鼓励生育，妇女从怀孕三个月起就可以领取国家补助。而且补助是累进的，一般生三个孩子后得到的国家补助大概就等于法国的最低工资。除个别的精英学校外，法国从幼儿园到博士都是不交学费的。此外，如果你收入低或者没收入或者结婚 5 年之内住房也基本是免费的。你自己花钱去租房子，租房费用可以到社会保障体系报销。这些似乎都与个人主义的原则不甚相符。

2. 强烈的革命性

法国人的革命性很强，至少在西方国家中似乎找不到比他们对革命更情有独钟的民族。"革命"这个词儿在法国是有魔力的。在美国少有人说自己是革命者，但是在法国自称革命者没有任何问题。法国人永远对现状不满意，永远要求根本的、彻底的变革。英国人的传统是希望一点点地改善，法国人则是希望彻底全盘地推翻、砸碎。例如，英国到现在都没有成文宪法，靠普通法就可以解决问题了。美国有一部宪法加若干修正案。而法国从 1891 年到 1958 年一共有 16 部宪法。法国人偏爱革命，法国的现代政治史就是一次一次的革命史。从法国大革命到"黄马甲运动"全是一个路数，把铺路石挖出来，把破桌子、破椅子堆起来，把公共汽车拉过来组成街垒。这是法国革命的经典桥段。法国人自己说"不把铺路石挖出来，革命就不可能完成"。这种对革命的偏爱到现在仍未有大的改变。

3. 对意识形态的偏好

意识形态是什么？意识形态是对自己的看法，对生活、对社会的看法，对世界的看法，对你和社会之间关系的看法。用学术一点的话讲，就是对人生本身及其与社会之间关系的一种抽象的、符号性的解释体系。法国政治文化的一个主要的特点就是热衷于纠缠意识形态。法国的高中会考是非常重要的考试，相当于中国的高考。在会考中，不管理科或文科都有一门哲学考试，考试三个小时就回答一道题，考题诸如"人的生存的意义何在？""正义在何种条件下能够得以实现"等。法国国家行政学院（现已更名为公共服务学院）是一所精英学校，培养出多位法国总统、总理、高级行政官员。学院有一门辩论课，随机给出一道辩题，可能是你完全不熟悉的题目，给辩手 20 分钟准备后开始辩论，要求立论清楚、逻辑清晰、用词准确典雅，时间正负不超过 20 秒钟。所以，绝大多数法国人都能言善辩，会引经据典。法国的政治家在这方面更是登峰造极。法国的政治经常不是围绕着利益问题展开。虽然利益可能是背后的决定因素，但是表面上不谈这个。大家表面上谈的是主义、主张。某个政治家能够获胜不一定是因为做得好，首先他要说得好，有深度、有说服力，能够吸引人。

4. 相当的左倾情结

法国人在大革命时期发明了左派、右派的概念。按照现下国际通行的标准，站在权力对面的就是左派，跟权力站在同一边的就是右派。正是因为站在权力及现行秩序的对面，所以才要求变革。

任何一个西方国家的政党都有不同的派别。有些国家也分左派和右派，但只有法国政党的划分标准一直是左右，哪怕现在其实各党的主张都差不多了，但大家仍然说这个党是左派，那个党是右派。有意思的是，左派在法国其实是占据了道德制高点的，从法国大革命以后一直是这样。法国著名政治学家 Goguel 说"19 世纪的法国政治史就是一部左派不断胜利，右派不断失败的历史"。

什么是左派？什么是右派？它在法国的诉求是不断变化的。比如，19 世纪时拥护君主制是右派，反对君主制就是左派；拥护教会是右派，反对教会就是左派；拥护社会主义是左派，反对社会主义就是右派。到了 20 世纪，特别是二战后，要求更多社会福利是左派，要求执行自由主义经济政策就是右派；要求废除死刑的是左派，坚持保留死刑就是右派；主张妇女权利是左派，坚持大男子主义就是右派等。口号不断在变化，可是背后其实都是对权力和秩序的态度。给大家举个例子，国际上通常认为自由主义是一种右倾思潮。而自由主义在法国一直都是一个典型的贬义词，自由党在法国没有生存的空间。偶尔灵光一现，也得叫自由民主党。再举个例子，《华沙工人歌》是老牌的无产阶级歌曲。法国的标致汽车公司在 90 年代初还曾用它作为广告的背景音乐。这说明法国有相当一部分人知道这个歌，否则你就是对牛弹琴。这些都表现出一般法国民众的左倾情结。

二、近年来法国政治的若干动向

这一部分主要分析 21 世纪后法国政治出现的若干动向。

（一）社会结构的变化与社会矛盾的激化

近年来，法国同时面临着区域化和全球化两大浪潮的冲击。

区域化浪潮主要来自欧洲一体化建设。欧盟曾经被认为是区域化建设最成功的范例，但欧盟建立对法国经济是有不利影响的。1958 年欧洲经济共同体成立，当时法国是主要的农产品供给国，同时与德国共同主导着欧共体内工业和科技的发展。随着欧盟的建立与东扩，大量的农业国家进入欧盟，欧盟内部的贸易壁垒打开，对外的贸易壁垒也相对打开，这对法国的经济形成很大的冲击。有一个很有意思的细节，欧共体自建立伊始直到上世纪 80 年代后期，甚至到 90 年代中期，其预算的大概 70%，最高达到 80%，是用在共同农业政策上的。共同农业政策有很强的保护主义色彩，与自由贸易原则是冲突的。外边的东西想卖进来，会被征收很高的关税，内部的农产品向外出口，能够得到欧共体的补贴。现在欧共体变成了欧盟，开放成为了主流口号。另一方面，货币的发行权集中到欧洲中央银行，通货膨胀和财政赤字的比率受到了严格的控制，财政赤字不能超过国内生产总值的 3%。各个成员国无法再利用货币政策来刺激国家的经济发展。法国为此做好了准备吗？相较于德国、荷兰，法国其实并没有做好准备，不管是工业、科学技术，甚至包括语言教育都没有做好准备。荷兰要求中学生学法语、德语、西班牙语，而法国年轻人学英语的热情还不如中国，更不用说老一代法国人。所以在欧洲一体化的进程中，法国的比较优势并不突出。

全球化的核心是自由贸易，首先是商品和资本的自由流动，然后是全球产业链的建立。这对于法国来讲也是负面因素，它造成了大量制造业工作岗位的流失。受失业影响最严重的是年轻人、生了孩子又重新出来工作的母亲和受教育程度比较低的人。这些群体的失业率达到 20%—30%，这明显激化了社会矛盾。

法国的中产阶级也面临着危机，焦虑情绪严重。按照政治学家的普遍观察，维持一个社会稳定的最主要力量是中产阶级。从亚里士多德开始就有类似的观点，那时虽然没有中产阶级这个词汇，但是他说一个国家中有太多的穷人或者太多的富人都不好，因为穷人和富人都不喜欢美德。穷人贪得无厌，富人则胡作非为。后来社会学家做了两个模型，一是橄榄型社会，两头小中间大，这是一个理想的社会结构。一是金字塔型社会，这种社会不稳定、不健康。整个欧洲自"马歇尔计划"后基本完成了经济重建，各国经济都取得了迅速发展，"光荣三十年"一直持续到 1972 年第一次石油危机。这一阶段欧洲各国普遍采取了多种福利政策，使得社会贫富差距相对不大，社会矛盾不十分尖锐，中产阶级得到了迅速发展。但是，90 年代中期以后，部分中产阶级失去稳定的工作和收入，进入了下层社会。没有进入的也有强烈的焦虑情绪，这是造成法国社会、政治问题的关键原因。

法国低收入群体处境恶化，生活水平下降。我 1985 年到法国留学时，法国的最低工资制度设计就是保证一个核心家庭中只要有一个人工作，拿到的最低工资收入加上各种社会保障补贴就可以保证整个家庭过上有尊严的生活。从 1946 年法兰西第四共和国建立，"有尊严的生活"就被写入法国宪法前言，工作的目的是要使得劳动者得到全面发展，得到有尊严的报酬，使劳动者的家庭能够享受有尊严的生活。90 年代初之前的法国的确是这样，现在情况不同了。2020 年法国的最低工资税前是 1539 欧元 / 月，税后收入是 1219 欧元 / 月，大概相当一万元人民币水平。但事实上，一方面很多人没有工作拿不到最低收入，只能申请社会团结补助金（约4000元人民币/月）。另一方面，随着就业岗位的流失，很多人即使工作也不是全时岗位，拿不到全额的最低工资。法国法定工时是一周工作35小时，4周大约150小时。现在很多工作可能只能提供100小时/月的工作时长。所以法国社会中形成了一个低收入群体。法国现在大约有7000万人口，按照国家统计局的统计，有1500万人每月月底手上只有50—150欧元可供开销，任何一件意外的小事都可能对他们构成冲击。比如，2020年疫情爆发后，法国政府要求学生上学必须戴口罩，于是法国的老奶奶们总动员在家里缝制布口罩。为什么会出现这种情况？因为N95口罩在法国售价1欧元，一个学生因此额外需要30欧元/月，约合人民币大约200多元，这就对很多法国家庭构成了压力。这真是令人难以想象。法国北部冬天很冷，许多穷人烧不起天然气，更没有能力给房屋做隔热处理，家里的温度基本就维持在10度上下。房屋又潮又冷，墙上布满霉斑。我们看到法国的电视报道，有些人甚至一天只吃一个三明治，中午吃一半，晚上吃一半，使得我们不敢相信这是一个发达国家。法国著名社会学家布尔迪厄1993年出版了《世界的苦难》一书，他和他的团队采访了大量的法国钢铁工人、旅馆服务员、护士、小学老师、会计师、低端的律师等，人们普遍的反应是灰色，对未来没有任何期待，觉得压抑和焦虑。后来勒布朗按照同一思路出版了《被社会无视》一书。

低收入群体不是每天都会闹事，但他们有强烈的不满情绪。加上我们前面所说的法国人的政治文化传统——要求平等、讨厌秩序权力、要求国家保护、要求革命，法国的社会确实陷入一种撕裂的状态。法国《精神》杂志的主编就在电视台表示"我看到了法国重新爆发阶级斗争的危险"。在很长一段的时间里，法国的社会矛盾没有那么大，阶级斗争已经不再是它的主线，但是现在有人认为法国社会有重新回到阶级斗争的危险。2018年11月17日，法国爆发了"黄马甲"运动。"黄马甲"运动起因是政府为控制碳排放要加征柴油燃油税。法国柴油的价格一直到20世纪90年代都只有汽油价格的一半，而且柴油车马力大、寿命长，所以，很多法国人都喜欢开柴油车，柴油车占法国汽车保有量的比例最高时达到70%。现在柴油的价格已经跟汽油价格差得不太多。此番柴油涨价，负担首先落在了那些需要长途通勤的下层群众身上，所以引爆了"黄马甲"运动。总的来说，法国社会结构发生了变化，中产阶级队伍不能稳定，下层阶级生活状况逐渐恶化，社会矛盾不断激化。

（二）政党格局的迅速变化

在正常的政治系统中，下层的呼声通过民选的民意代表和政党反映到上层决策中心。政党的主要作用是体察民意、设置议题、展开讨论，然后提出纲领和对策。法国政党的格局在过去 20 年中发生了巨大的变化。以前是一个左派阵营和一个右派阵营，每个阵营中各有两个政党。现在两个阵营中分别有一个政党泡沫化了。左派阵营中的法国共产党在二次大战后曾经是法国的第一大党，差点就执掌了政权。现在，它已经不能独立存在了，需要与其他政党组成选举联盟。法国右派阵营中，法国民主同盟也已泡沫化。法国右派中的核心力量是保卫共和联盟，希拉克、萨科齐都是保卫共和联盟的领袖。20 世纪初，保卫共和联盟逐渐变了。党派名称经过多次更改，现在叫做共和党。共和党仍然是右派阵营的核心力量，但近年来内部斗争非常激烈，内讧不断。2017 年大选爆出党内候选人丑闻，使得马克龙异军突起。大选失利后，共和党内部仍然不能团结，传统右派现在仍然是萎靡不振的状态。传统的左派阵营还包括社会党。社会党自 1981 年以后有过几次执政，赢得过总统选举，也在议会中取得过多数。但现在它变得日薄西山，看不到新的有影响力、号召力的领袖出现，也没有什么新的政见。西方的政党不管党员人数多少，只要有几个能言善辩、有思想、有魅力的领袖，能够提出有吸引力的纲领，这个政党就会迅速扩大。如果培养不出这样的领军人物，政党很快就会被遗忘。法国的社会党现在大概就是这种情况，它缺乏有号召力的领袖，导致得票率迅速下滑。

共和国前进党是法国政坛新兴的政治力量。该党在 2017 年总统竞选前两个月横空出世。马克龙本来是社会党成员，是社会党中偏右的力量，带有自由主义色彩。他既对左派不满意，也对右派不满意，于是自行组建联盟。恰巧遇到右派阵营内斗，马克龙脱颖而出，顺利当选。现在共和国前进党在迅速壮大，它自我宣称是一个超越了左右，能够联合所有法国人的政党。

法国还有两个新兴的政治力量。一是极右翼政党国民联盟，由勒庞担任党主席。它不反对法国体制、民主或自由，但反对非法移民。他们认为法国经济问题是因为太多的非法移民抢占了法国人的工作岗位，分享了法国的社会保障福利。这个政党一开始是个禁忌，被视为种族主义者，少有人敢公开宣称是国民联盟的拥护者。但现在这一禁忌已突破，在 2021 年地方选举中国民联盟得到了 25% 的选票，人们已经可以公开拥护国民联盟。未来国民联盟很可能会从一个极右翼的政党变成一个正常的右派政党。另一个新兴政党即"不屈的法兰西",是介于社会党和共产党之间的左派政党。它的党魁梅朗雄口才很好,第一个表示要参加总统竞选。虽然他不大可能当选,但该党会在国民议会中得到一定的席位,瓜分社会党的相当一部分选民。

目前法国的政党格局中,社会党的颓势无法制止,共和党能否止损令人怀疑。共和国前进党、国民联盟和"不屈的法兰西"各领风骚。也会有若干特立独行的新人出现。

(三)其他新动向

其中一个是代议制和传统次级权力的失能。前面提到的"黄马甲运动"反映的深层意义是传统政治中介机构的失灵。政党的作用本是作为人民和政府的中介,下情上达,也把政府的决策向民众做解释。但是,法国的传统政党对于"黄马甲运动"完全不敏感,认识不到社会矛盾的激化。在运动酝酿阶段,所有传统政党对"黄马甲运动"一致持批评态度。运动激化后,法国的传统政党又不能把群众的不满情绪引到一个正常的渠道之内进行政治博弈,这是真正的问题。其他的新动向如"不屈的法兰西"的党魁梅朗雄提出来要建立法兰西第六共和国,希望人民除了选举之外还能够在日常生活中广泛地发出自己声音,建立介于代议制民主和直接民主之间的制度。这两年中还有其他人提出了一些设想,比如说全民动议公投、国民议会的混合选举制,在国民议会下院和上院之外设立第三院人民院等等。

简要总结,全球化的进程需要重新评估。到底谁从全球化进程中得到了好处?直接得到好处的是大资本,间接得到好处的是劳动力成本相对比较低的国家。但是大资本得到的好处是确定的,低劳动成本国家得到了好处是暂时的。当经济发展起来了后,劳动力成本一定会上升,比较优势会逐渐地往下走。除非及时地进行产业升级、技术革新,获取其他的竞争优势,真正能做到这一点的国家并不特别多。全球化对法国来讲绝对是构成困难和问题的核心要素。反全球化的呼声在法国一直有,现在越来越强烈。如果勒庞上台,很多的措施一定是反全球化的。如何应对变化了的国际国内局势,法国各个政党都需要对此认真思考、提出自己的见解纲领。

这就是法国政治近年来的若干新动向。

(2021年4月12日)

德国外交政策理解

主讲人：连玉如

内容提要： 本讲座以第二次世界大战后德国的外交政策为主线展开，围绕德国如何从二战战败的废墟上重新崛起以及如何从国家分裂走向重新统一的问题，分三个阶段呈现二战后德国外交政策的发展脉络，即阿登纳政府的西欧一体化政策、勃兰特政府的"新东方政策"和科尔政府的德国统一政策。在此基础上，本讲座回顾了中德关系发展的概况，归纳其发展的三个特点，并对两国关系的中长期发展做出谨慎乐观的预期。

主讲人简介： 连玉如，北京大学国际关系学院教授、博士生导师，德国柏林自由大学政治系哲学博士，曾任北京大学国际关系学院国际政治系系副主任。主要从事国际关系，特别是欧洲联盟与德国问题的教学与研究，代表作有：专著《新世界政治与德国外交政策——"新德国问题"探索》、个人论文集《国际政治与德国》、论文《"德国的欧洲"与"欧洲的德国"问题新考》《再论"德国的欧洲"与"欧洲的德国"》等。

德国是欧洲第一大经济体，在世界是继美国、中国、日本之后的第四大经济体。德国经济发达富足、社会政治运行稳定、实现了国家重新统一目标，还在欧洲与世界政治中发挥着重要作用。德国如何从二战战败的废墟上重新崛起？又如何从国家分裂走向统一？弄清这些问题，了解和认识德国的外交政策十分重要。

德意志联邦共和国同中国一样也是 1949 年建国，距今已经走过 73 年的历程。如何在有限的两个小时内把握好和讲清楚这么长久的德国外交政策以及大家关心的中德关系，是一个挑战。所以需要有一个切入点，一个重要视角，以便将主要内容和关键的节点呈现给大家。这个切入点或视角就是德国的分裂与统一。

1945 年第二次世界大战结束以后，欧亚大陆至少有四个国家存在国家统一的问题，即亚洲的朝鲜、中国、越南和欧洲的德国。后来，两个国家解决了国家统一的问题：越南在 1975 年以武力方式实现统一；德国在 1990 年 10 月 3 日以和平方式赢得国家统一。而今，南北朝鲜和海峡两岸仍然被国家统一的问题所困扰，也是地区与世界和平与安全的热点问题。德国统一以后，台独分子对所谓德国的统一模式特别感兴趣，妄想也把两岸关系搞成所谓国与国或一中一台的关系。我们的国务院新闻办公室和台湾事务办公室曾经发表过一个"白皮书"明确指出：两德模式不能用于解决台湾问题；德国分裂完全是由外部因素造成的，而台湾问题则是中国内战遗留的问题，属于内政问题。这段话十分精辟地道出了台湾问题与德国问题由来的根本区别。

我完全同意白皮书的上述判断。不仅如此，我还想进一步说：不仅德国分裂是由外部因素造成的，而且德国从分裂，经过维持现状，到最终走向统一，都是国际关系的产物。它们构成德国外交政策的三个重要阶段，分别由三位德国的政治精英，即三位联邦政府总理康拉德·阿登纳、维利·勃兰特和赫尔穆特·科尔所代表。下面就分别讲一下由这三位代表实施的这三个阶段的德国外交政策。

一、阿登纳政府的西欧一体化政策

——德国分裂是二战以后美苏冷战爆发的产物

了解阿登纳的西欧一体化政策十分关键和重要。为什么？因为它为 1949 年成立的新生国家内外政策奠定了基础，打下了深刻的烙印。

（一）阿登纳政府的国内现实处境——没有主权和国家分裂

康拉德·阿登纳（Konrad Adenauer）1876 年 1 月 5 日出生在德国西部莱茵河畔的科隆市。在德国历史上，他堪称一位传奇式政治人物，三起三落，第三起最为辉煌。人生 70 古来稀。阿登纳是以 73 岁的古来稀年龄在 1949 年当选为西德第一届联邦政府总理的，且一下连任四届干了 14 年，直到 1963 年 10 月卸下总理职务；仍还保留着基督教民主联盟主席职务，直到 1966 年为止；1967 年逝世，享年 91 岁。阿登纳是一位现实主义政治大师，认为"政治是可行性艺术"，即所奉行的政策一定要从现实出发。那么，1949 年他所面临的西德的现实是怎样的呢？

简单来说一句话，就是西德没有主权，仍然处于被西方三个战胜国美国、英国和法国占领和管制的状态。

1945 年 5 月纳粹德国战败投降，被苏、美、英、法四大战胜国分区进行占领，成为四个占领区；德国首都柏林也分为四个占领区，成为一个特殊占领区。四国组成盟国对德管制委员会，负责解决战败国德国的问题。但是由于美苏主导的"冷战"爆发，特别是 1948 年 6 月至 1949 年 5 月历时 11 个月之久的"柏林危机"的爆发，直接导致德国和柏林的分裂。西德（德意志联邦共和国）由美英法西方三国的占领区组成；东德（德意志民主共和国）由苏联占领区组成。柏林一个城市分裂为东西两半；东柏林成为东德的首都；西柏林仍然处于美英法西方三国占领状态，直到 1990 年德国统一才告结束。

西德建国以后没有内政外交自主权，具体表现在两个方面：一是"基本法"即西德的宪法在 1949 年 5 月 8 日通过以后还要由美、英、法三国的军政府批准；二是三国在批准"基本法"时还通过了一个"占领法规"，规定三国政府保留在西德的最高权力，如管制西德外交、国防、外汇、外贸的权力；三国政府各派一名代表组成"盟国高级专员公署"，行使在西德的最高权力；西德联邦政府和各州政府在这一机构的监督下，有行使立法、行政和司法的权力。

这就是阿登纳政府面临的主权缺失和国家分裂的客观局面。在此情势下，阿登纳政策的首要目标当然是要争取国家的主权独立和平等。早在 1946 年阿登纳就在一次演说中指出：德国外交政策的目的"必须是以平等的地位参加国际组织中各国人民之间的和平合作"。如何实现这一点？阿登纳认为必须杜绝三种态度，即卑恭屈膝、急于求成和左右逢源。那么，正确态度是什么？或者说什么是从德国没有主权的国情出发的"最佳可行性道路"呢？要知道在当时德国政坛同阿登纳竞争的还有另外两个重要的政治精英雅各布·凯泽尔和库尔特·舒马赫。他们的政策主张体现的是一种"中立主义"和"民族主义"的特点，对德国选民是有一定吸引力的。

（二）阿登纳政府西欧一体化政策的主要内容和影响

同凯泽尔和舒马赫相比，阿登纳所主张的皈依西方的西欧一体化政策，可以概括为以法德和解为中心的"欧洲主义"，具体来说有四个方面：第一，欧洲的未来在于西欧联合；第二，德国问题的解决在于西欧联合；第三，美国支持是西欧联合的根本依托；第四，法德和解是西欧联合的基础与核心。

为什么说德国问题的解决在于西欧联合呢？假如说阿登纳还有"德国统一政策"话，

那么简言之就是一种所谓"先分裂后统一"的"迂回间接"道路；建立在这样一种逻辑上：德国分裂是世界紧张局势的产物，要在和平与自由中统一德国，只有在世界局势出现缓和之时；而要实现缓和，西方就要同苏俄谈判；苏俄不会同弱者谈判，因此，西方必须保持团结和强大，而这不能缺少西德的贡献；西德加入美国主导的西方，重新在政治和经济上强大起来将最终有利于实现德国统一。

为什么法德和解是西欧联合的基础与核心？阿登纳把德国未来外交政策重点放在法国身上，是有现实考虑的；法国对德政策曾是四大战胜国中最为强硬的。另外，还有长远的打算。1948 年他就深刻指出："美苏对立的衰减之日，就是美国目前对欧洲事务强烈兴趣的衰减之时，而美苏对立的势头总有一天会出现某种衰减。但是，法、比、荷、卢和德国将永远在欧洲相处下去。包括我国在内的欧洲所有国家的未来将取决于他们之间关系的持久安定与和睦"。"德国未来外交政策之第一位和最崇高的任务是同其西方邻国即荷、比、卢与法国，建立持久友好的睦邻关系"。这话在苏联对西柏林实行封锁、西柏林居民主要依靠美国空运为生的战后东西方关系最为紧张的时刻说出来，足见他对争取法国谅解的热忱。

阿登纳西欧一体化政策的首要目标，即获得主权独立平等，是 1955 年 5 月 5 日"伦敦－巴黎协定"生效后实现的，与此同时西德加入北大西洋公约组织（北约，1949 年 4 月 4 日成立，12 国参加）和西欧联盟（是西欧七个国家的集体安全防御组织）。这是一个非常艰难曲折的过程。但通过支持、促进和加入西欧一体化，特别是支持法国以及其他西欧国家共同建成欧洲煤钢共同体等，西德逐步赢得西方国家特别是法国的信任；通过参加西欧联盟和美国主导的北约，西德获得了安全保障。

西德 1955 年 5 月 5 日获得主权独立和加入北约，对东西方关系产生了深远影响。此后十天，即 5 月 14 日，苏联同包括东德在内的东欧七国（波、匈、捷、罗、保、阿、东德）在波兰华沙签订了"友好合作互助条约"，即"华沙条约"。至此，在二战结束以后十年，欧洲大陆正式形成北约和华约两大军事集团对峙的局面。德国分裂的局面，通过西德加入北约和东德加入华约被固定下来了。获得主权独立这一目标的实现，应该大事庆祝一下。但西德的做法十分冷清，很低调、很惨淡，就在波恩的联邦总理府草坪上搞了一个小型仪式，参加者是总理府的官员、秘书、守门员、信差和司机。他们聆听了阿登纳总理的讲话，升了国旗、唱了国歌。为什么？因为西欧一体化政策十分成功，但是国家统一的目标却因此而更加遥远了。

通过加入西方两大机制,即欧共体和北约的皈依西方政策,西德民众获得了政治主权、军事安全与经济福利。特别是 1963 年 1 月 22 日,阿登纳同法国总统戴高乐签订"德法合作条约",以一种"持久的、不因人而异的形式",即有约束力的国际法条约的形式,将他毕生从事的德法和解事业确定下来。这时离阿登纳告别政坛还有不到一年时间。总之,阿登纳的西欧一体化政策卓有成效。

主权独立与国家统一对于世界上很多国家而言是理所当然之事,对于阿登纳却是毕生要奋斗的目标。结果是:国家主权独立的目标实现,但国家统一的目标却更加遥不可及。阿登纳成为自己政策成就的俘虏!德国的国家利益(皈依西方)同民族利益(国家统一)呈现出相互矛盾的状态。为什么会有这种矛盾?简单来说是德国的国情决定的。德国是战败国,苏美英法四大战胜国对德国统一承担国际法义务。二战结束以后德国从分裂到统一,都是一个国际关系性质的问题。这同中国海峡两岸之间的关系具有实质区别。那么,西德政府在根本的民族利益问题上就完全无所作为吗?不完全是。这已涉及勃兰特政府的"新东方政策"。

二、勃兰特政府的"新东方政策"

——两个德国缓和关系和维持现状是国际关系的产物

维利·勃兰特(Willy Brandt, 1913—1992 年)原名赫伯特·恩斯特·卡尔·弗拉姆,1913 年 12 月 18 日出生在德国北部波罗的海滨海城市吕贝克一个工人家庭。外祖父是德国社会民主党的信徒,母亲也常常参加社会主义的活动。所以他很早就对政治发生兴趣,15 岁时加入社民党的青年组织——社会主义青年团。勃兰特 1969—1974 年出任西德联邦政府总理,以开启"新东方政策"而载入史册,特别是他 1970 年在华沙犹太人墓前下跪的华沙之跪引起全球瞩目,1971 年获得诺贝尔和平奖。1992 年去世,享年 79 岁。

(一)勃兰特政府"新东方政策"的国际背景和前提条件

国际背景是最根本和决定性的,即美苏主导的东西方关系在 20 世纪 60 年代末开始出现缓和迹象。美国对苏联关系开始"以谈判代替对抗",对西欧盟国关系上强调"伙伴关系"。苏联对外政策也进行了较大幅度的调整，重视实施对欧洲的缓和政策。西德的安全靠美国保护，对外政策要唯美国马首是瞻。美国和苏联都缓和了，西德不可能再坚持原来的拒不承认东德的强硬政策，即所谓"哈尔斯坦主义"，不同与东德建交的国家建立或保持外交关系（苏联除外）。

勃兰特的"新东方政策"可以追溯到1961年8月13日发生的"柏林墙"事件（原来柏林是开放的），其时他正担任西柏林市长职务。他在《会见与思考》一书中写道："这一天的经历对我以后岁月的政治考虑具有决定性影响，被称之为我的东方政策，就是在这种背景下形成的。"1966年，勃兰特出任德国联盟党和社民党组成的大联合政府的外交部长，又表达了永远不能再在德国问题上被动应付的积极意志。

勃兰特东方政策的根本，是同另一个德国即东德关系的塑造，可以归结为"一个民族、两个国家"（One Nation, two States）的模式。也就是说，我承认你是一个主权独立国家，但你对我不是外国；我对你的承认是"国家法"而不是"国际法"意义上的承认。勃兰特指出：必须实现同东德的和解，以便使它向西德开放，为此必须接受它是一个主权国家的现实；为了保留以后重新统一的可能性，不能承认东德对西德来说是外国。1966年6月，在社民党多特蒙德代表大会上，勃兰特提出了"不按国际法承认"的条件下安排两个德国共处的主张。

为了做到这一点，必须创造几个前提条件。第一是要改善同苏联的关系。西德很早就认识到"解决德国问题的钥匙在莫斯科"，西德只能以"承认战后现实"换取苏联的"谅解"。第二，在同波兰的奥得—尼斯河边界问题上作出让步；勃兰特指出："为了推动政治现状的改变，我们必须接受领土的现状"。第三是放弃原来坚持的把解决德国问题同裁军等欧洲缓和措施挂钩的立场。只有做到以上这几点，才能使改善同苏联和其他东欧国家的关系成为可能。

（二）勃兰特政府"新东方政策"的实施

1. 德苏条约的签订

实施新东方政策是从改善对苏关系开始的。勃兰特1969年10月上台执政，11月15日就正式向苏联提出就签订不使用武力的协议进行谈判，得到苏联方面响应，并达成协议。"德苏互不侵犯条约"于1970年8月12日签订，主要内容是：双方保证"不以武力威胁或使用武力"；"无条件地尊重所有欧洲国家在现有边界内的领土完整"，"现在和将来都认为欧洲各国的现有边界是不可侵犯的";双方还表示要扩大两国之间的合作。

根据西德方面的解释,条约最后文本在第三条中,把"放弃武力"同"不破坏现有边界"联系了起来,是十分重要的。因为这将意味着目前对领土现状的确定只是针对武力改变边界而言;假如采取和平手段,则边界现状是可以改变的。也就是说,现存边界不是终极边界。

2. 德波条约的签订

在同苏联谈判"莫斯科条约"的同时,西德还同波兰就签订两国关系正常化基础条约进行谈判,并于1970年12月7日同波兰在华沙签订了《波兰人民共和国和德意志联邦共和国关于两国关系正常化基础的条约》。该条约的基调已由"莫斯科条约"确定,主要内容也与"莫斯科条约"基本一致,只是顺序颠倒一下,即先提边界不可侵犯,再提放弃使用武力。上述两个条约统称为"东方条约"。

3. 两个德国关系基础条约的签订

1972年6月3日,苏美英法签署的"四大国柏林协定"正式生效。这对两个德国之间的谈判是一个推动。同年11月9日,两个德国代表在西德首都波恩草签了"基础条约";12月21日,又在东德首都柏林正式签署了《德意志联邦共和国和德意志民主共和国之间关系的基础条约》。条约包括一个序言、十项条款、一个附加议定书以及众多的信件、附录、声明和诠释。主要内容概括如下:

第一,条约把德国在相互关系的原则问题上所持的不同观点,如对民族问题,在序言中作了保留。双方没有将此分歧视为不可逾越的障碍、妨碍在其他问题上取得进展。

第二,双方达成一致的方面有:承认边界不可侵犯;尊重领土完整;承认彼此为主权独立国家,放弃使用武力;促进欧洲的裁军与安全。

第三,西德方面明确放弃1949年以来一直坚持的"单独代表权",这在条约第4条和第6条得到反映。第4条规定:"两个国家的任何一方都不能在国际上代表另一方或以它的名义行事。"第6条规定:"双方尊重两个国家任何一方在处理其内外事务上的独立与自主。"

第四,东德方面的让步主要反映在第8条。这一条规定:双方"将互设常驻代表机构",互派常驻代表(不是国际法意义上的大使级外交关系!)。

第五,西德方面特别看重的是条约第7条。这一条规定在"发展和促进"双方"在经济、科技、交通、法律、邮政通信、健康、文化、体育、环境保护以及其他领域中的合作"。合作细则将在附加议定书中作出规定。

第六，条约强调，"本条约不影响它们过去缔结的或与它们有关的双边或多边国际条约与协定。"

两个德国之间相互关系基础条约，于 1973 年 6 月 20 日生效。这是一种维持现状的安排，是一种"不正常"的关系正常化。此后，西德还同捷克斯洛伐克、匈牙利等其他东欧国家签订条约，建立了外交关系。1973 年 9 月 18 日，两个德国双双加入联合国。值得一提的是：作为体现"一个民族、两个国家"统一模式的两个德国关系基础条约的签订，为 20 世纪 70 年代中期欧洲安全与合作会议（欧安会）的召开创造了决定性前提条件。这些充分说明德国问题同欧洲安全秩序休戚与共的关系。

4. 德捷条约的签订

西德同捷克斯洛伐克签订条约的双方对话早在 1971 年 3 月就已开始，但是拖了两年时间没有取得多少进展。原因主要是对 1938 年 9 月 29 日希特勒（德国）、墨索里尼（意大利）、张伯伦（英国）和达拉第（法国）签订的"慕尼黑协定"存在分歧。对于"慕尼黑协定"，捷方要求西德承认该协定从签订之日起，一开始（ex tunc）就无效，而不是后来（ex nunc）才无效。但西德只承认该协定从 1939 年 3 月希特勒侵捷之日起无效（半年的时差）。西德历届政府对"慕尼黑协定"的一贯立场是：认为条约不再有效，也不会再提领土要求；但反对"条约从一开始就无效的立场"，认为这会导致一系列显而易见的国家法和国际私法方面的麻烦。比如，这将给过去苏台德区德籍公民带来诸如从"财产法的作用"到"叛国罪的指控"这些"令人难以接受的法律后果"。另外，西德还担心这样做会引起一系列连锁反应："慕尼黑协定"尽管是在压力下签订的，但毕竟具有国际法约束力。捷克斯洛伐克方面则坚持认为：仅仅声明"条约从后来时刻才无效"是不够的。双方在这个问题上陷入僵局。直到 1972 年两个德国相互关系基础条约签订之前不久，捷方才从坚持"一开始就无效"的立场上后退。显然，苏联施加的压力和东德作出的榜样起了很大作用。

1973 年 5 月，德捷两国正式举行谈判。同年 12 月 11 日，两国总理勃兰特和斯特诺加尔在布拉格签署了条约。条约第 1 条规定，双方宣布"慕尼黑协定"无效；具体从何时无效，条约没有提出准确的无效日期，从而避开了双方最感棘手的分歧点。第 2 条规定，条约不影响 1938 年 9 月 30 日至 1945 年 5 月 9 日期间通行的法律；条约不涉及国籍问题；条约也不构成提出任何物质要求的基础。至于有关"边界不可侵犯"和"放弃武力"

的规定则与"华沙条约"有关规定相一致。1973 年 10 月 31 日至 11 月 3 日，西德外长瓦尔特·谢尔在莫斯科逗留期间，与苏联达成下述协议：西柏林常住居民同其他德籍公民一样，不会由于慕尼黑协定的失效而在权利上受到损害，捷克斯洛伐克方面接受了这一立场。随着 1973 年 12 月 11 日德捷条约的签订，两国建立了外交关系。

20 世纪 90 年代初冷战结束以后，捷克斯洛伐克于 1993 年 1 月 1 日分裂为两个独立国家；2004 年 5 月 1 日，两国同其他八个中东欧国家一起加入了欧洲联盟。

三、科尔政府的德国统一政策

——德国统一是国际关系的产物

（一）科尔政府德国统一政策的国际背景

赫尔穆特·科尔（Helmut Kohl）于 1930 年 4 月 3 日出生在德国莱茵河畔路德维希港的一个军官家庭。1982 年至 1998 年出任德国联邦总理，是迄今为止德国任职最长的总理（默克尔总理追平而不是打破纪录！）。他在执政期间成就了两大载入史册的功绩，即德国重新统一和建立欧洲统一货币欧元。2017 年 6 月 16 日去世，享年 87 岁。

关于德国的分裂与统一，德国人有两个没想到：一是没有想到德国分裂会长达近半个世纪之久；二是没有想到，1989 年 11 月 9 日"柏林墙"倒塌后不到一年时间，德国就统一了。上面谈过，德国统一是一个国际关系性质的问题，苏美英法四大战胜国承担国际法责任。在德国统一问题上，苏联领导人戈尔巴乔夫 1985 年上台执政以后实行外交政策"新思维"是一根本决定因素。本来，苏联对德国统一的政策，历来主张统一德国要保持中立。但是，戈尔巴乔夫后来从这一立场上后退了。1990 年 7 月 16 日在科尔总理和根舍外长访问苏联时，戈尔巴乔夫表示统一德国有权自由决定其联盟归属，从而放弃了原来反对统一德国继续成为北约成员国的立场。也就是说，德国统一以后可以继续留在北约。苏联变化的动因这里暂且不谈。西德政府看到了苏联立场变化为德国统一带来的千载难逢且转瞬即逝的历史机遇。

（二）科尔政府"德国统一政策"的内政和外交之路

对于德国统一问题，两个德国的做法不同。东德早在 1974 年修改《1968 年宪法》

时就把"德国统一"的目标删去了,对西德实施"划清界限政策",用以对付西德所谓的"和平演变"。东德对西德政策的核心就是要求西德从国际法上承认东德。西德方面的做法是:坚持国家根本大法《基本法》规定的德国统一目标,但是西德历届联邦政府都没有将德国统一视为一项现实的政策,列入政府工作的具体议事日程表上。在整个冷战时期,欧洲安全的基础是东西方均势的建立与稳定,而这种均势又建立在德国分裂的基础之上。德国统一必然打破欧洲的均势,从而动摇欧洲安全与稳定的基础。谁敢冒此天下之大不韪?

然而,当1989年11月9日"柏林墙"开放这一历史机遇之窗开启时,西德政府抓住了。具体来说,德国统一的历史进程包括内政和外交两个层面。德国统一内政进程的重要条约是两个德国"关于建立货币、经济和社会联盟的条约",又称"国家条约";1990年5月8日签订,7月1日生效。这是德国统一的前奏。这里需要指出:西德的经济与社会发展模式"社会市场经济"运行的成功,特别是作为硬通货的西德马克,对东德具有强大的吸引力。柏林墙开放后,不少东德人往西德跑;还有东德人表示:马克过来我留下,马克不来我过去,可见东德人对西德硬通货的想往。可以说,假如没有两个德国成立的货币、经济与社会联盟,特别是"社会联盟"的助持,没有西德一段时期以每年1500亿马克的规模向东德进行转移支付,德国统一是难以成功的。这是德国统一根本的内在因素,不能因其国际关系的性质而被忽视。

德国统一外交进程的重要条约,是两个德国和苏、美、英、法四个战胜国共同签订的《最终解决德国问题的条约》,又称"2+4条约";1990年9月12日在莫斯科签订。条约共10个条款,其中涉及边界问题的第1条是关键,规定:两德的边界是统一后德国"最终的"外部边界;"确认统一后德国边界的最终性质是欧洲和平秩序的一个重要组成部分";德国现在和将来都不对任何国家提出领土要求。1990年11月9日德国同苏联签订两国之间"建立睦邻、伙伴和合作关系的条约";11月14日,德国同波兰在华沙签订两国"关于确认它们之间现有边界的条约"。对统一德国边界最终性质的确认,意味着德国彻底失去其1937年12月31日德国领土版图的1/4左右!

德国统一直接促进了欧洲一体化的发展,1993年欧洲联盟宣告成立。科尔作为德国统一总理以及欧洲统一货币欧元诞生的功臣而载入史册。

四、中德关系的发展与特点

（一）中德关系发展概况

在中德关系发展史上，科尔、施罗德和默克尔这三位联邦总理的作用值得一提。科尔是德国统一的功臣，其 16 年的总理生涯跨越了德国的分裂与统一，直到 1998 年大选失利下台。社民党主席施罗德赢得 1998 年大选，同绿党组成"红绿小联合政府"，执政 7 年后，在经济体制改革酿成 2005 年的政治危机中下台。2005 年德国大选中，基民盟主席默克尔获胜，同社民党组成"黑红大联合政府"；后在三次大选（2009 年、2013 年、2017 年）中连续获胜，出任联邦总理达 16 年；2021 年大选后退出政坛。这三位德国总理都对深化和发展同中国的关系做出很大贡献。

当然，科尔之前的两位社民党总理勃兰特和施密特也特别值得一提，在勃兰特执政的 1972 年，中德两国建立大使级外交关系，2022 年恰逢中德建交 50 周年。施密特对中德关系发展做出的贡献别具特色，譬如他 1982 年退出政坛后著书立说，促进了德国民众对中国的客观认识与了解。

2022 年是中德建交 50 周年。在这漫长的 50 年间，中德关系一路走来坎坎坷坷，但一直在向前发展，并取得惊人的成就。政治上，两国的高层级以及其他层级的会晤频繁有效，两国建立起全方位的战略伙伴关系，特别是 2011 年中德政府磋商机制建立，由两国总理共同主持双方政府部门之间的磋商。这在中国对外关系中是独一无二的。经济贸易关系上，中德互为最为重要的经贸伙伴之一。2021 年中国连续六年（自 2016 年起）成为德国最重要的贸易伙伴；中德贸易额再创新高，达到 2453 亿欧元（中国驻法兰克福总领事馆经济商务处 2022 年 2 月 22 日发布）。文化教育领域，两国之间的学术交流与互动举不胜举，譬如北京大学同德国柏林自由大学之间的交流从 1981 年开始，已经走过 40 年历程，是中国改革开放的见证者。我自己也是中德学术交流与合作的亲历人。中德建交以来 50 年之久的成就单子可以拉得很长，借助各种平台和媒体资讯继续增加、补充、罗列和描述。如果要对中德关系发展更加深化认识，需要进一步分析它的特点及其决定因素。这里，尝试从国际关系的角度，谈谈以下几个特点。

（二）中德关系发展特点

中德关系发展具有以下三个特点：

1. 两国各自本体发展和在国际关系中的地位作用具有并行不悖的相似或一致性。

——两国的相似性：中德两国都于 1949 年建国；都坚持单独代表权，认为自己是代表本国人民唯一合法的政府；都在对外关系上搞"一边倒"政策，当然中国是倒向苏联，西德是倒向美国；都在 20 世纪 50 年代中期在国际关系中站稳脚跟和获得巩固，中国是通过参加 1954 年日内瓦会议和 1955 年万隆会议，德国是通过 1955 年加入北约和融入欧洲一体化进程等；两国都在 60 年代末期开始奉行新的外交政策，中国是"新"西方政策，打开对美国关系坚冰，西德是"新"东方政策，打开对苏联与东欧国家关系；两国都在 70 年代初期加入联合国（中国是恢复在联合国的合法席位）。两国都在区域整合／一体化进程中发挥举足轻重的作用。两国在对外关系中出于不同的缘由奉行过"克制文化"或"韬光养晦"政策，并同时在 2013 年开始转向更为积极、主动和进取的外交政策。2007 年我曾撰文提出，中德两国都是 21 世纪的世界新崛起大国，新崛起的德国是指"欧洲的德国"，崛起主要体现在政治方面，因为它早已是世界经济大国；中国崛起主要体现在经济领域，因为中国早已是世界政治大国，如联合国五常之一以及核大国地位等。两国都分别处于欧亚大陆的地理和地缘政治的中心地位，是拥有邻国最多的国家。邻国多，麻烦多，从而迫使两国在处理邻国关系时必须更加谨慎和细腻等。

——两国的一致性：都是世界经贸大国（世界排名老二和老四）。中国讲"发展是硬道理"，踏踏实实搞建设，一心一意谋发展，已经取得惊人的成就。1949 年成立的联邦德国（统一以前是西德）是贸易立国，奉行一种"经济外交政策"。德国前总理施密特说过：自己不是马克思主义者，但崇尚这一信条：经济搞不好，政治也搞不好。德国的经济（货币）成就，是战败国德国重拾民族自尊心与自豪感的载体；促成了德国重新统一大业；亦是新时代德国发挥欧洲与世界大国塑造与领导作用的根本依托。

中德都是世界经贸大国的国家利益，决定了两国均重视区域与世界范围的和平、稳定与发展；两国都主张发挥联合国的主导作用，积极践行联合国 2030 年可持续发展目标；都支持区域之间以及多边主义的合作等。

2021 年 12 月 8 日成立的德国新政府面临的主要任务，在其经济部长哈贝克看来有抗疫与恢复经济、气候保护、能源转型和产业转型等。这些也是中国力争驾驭的主要挑战，两国拥有继续互利合作的广阔空间。特别是气候保护是德国整个新政府，尤其是绿党经济和外交部长明确强调的要务，可以成为中德两国正向合作、累积成果的一大领域。

2. 从"冷战"时期的"派生性"走向"平等伙伴关系"

美苏冷战时期，中德关系具有"派生性"的特点，即两国关系主要取决于对美苏两个超级大国的关系，相互之间缺失独立平等的地位。譬如，西德对外关系首先要唯美国马首是瞻，假如中美关系没有改善，德国不会在1972年同中国建交。此外，西德还要顾及苏联，20世纪70年代中苏交恶，西德不可能深化同中国的关系；西德一直将对苏关系置于对华关系之前。冷战结束以后，这种局面开始改变，中德关系开始超越"派生性"关系。

但是，2016年以后，德国与欧盟单方面搁置中国提出的"和平、增长、改革、文明四大伙伴关系"，于2019年提出对华关系新定位：全球合作、经济竞争和制度对抗。德国一些政治和外交精英宣扬所谓"中国是地缘政治最大危险"、中国不可能和平崛起等。显然，德国和欧盟既要为了自身利益，加强同中国的各方面合作；同时又要防范所谓中国方面的竞争、挑战甚或"威胁"。

德国等欧盟成员国与欧盟都主张实现"战略自主"，成为国际关系体系中的重要的行为体，避免在美国和中国之间"选边站"。但是迄今为止的现实证明这很困难。为什么？其间有一个重要因素在起作用，即

3. 价值与利益之间的冲突一直贯穿中德关系始终

现实主义的"经贸利益"与所谓"民主人权"等"价值取向"之间充满张力与冲突，一直在不同时期、不同程度上决定着德国的对华政策。不过，科尔、施罗德、默克尔这三位总理不断学习和加深对中国的了解和认识，通过多次访华，都逐步采取了较为客观现实的对华政策，将中德关系不断推向全面与深入的发展阶段。

2021年12月8日，德国朔尔茨新政府开始执政，16年之久的"默克尔时代"结束。现政府又在重蹈覆辙，大搞"价值原教旨主义"和"人权外交"，继续强调对华政策的三要素：（全球）合作、（经济）竞争与（制度）对抗。

我个人认为，短期来看，形势不容乐观，特别是还有俄乌冲突问题上双方立场的对立因素等。但中长期审视，德国迟早会回归理性。德国政治中的根本经济取向不会轻易完全放弃，也不会走向同所谓制度竞争对手的经贸"脱钩"。德国新任经济部长哈贝克

叙说其面临的主要任务，如抗疫与恢复经济、气候保护等，不分意识形态价值对立与否，均需世界各国，特别是同中国的通力合作才能完成。

　　总之，我对中德关系的发展前景抱持谨慎乐观的态度。

（2022 年 4 月 7 日）

独特的俄罗斯文化

主讲人：周晓沛

内容提要：本讲座依据主讲人 40 多年的外交生涯，系统呈现了独特的俄罗斯文化及中俄关系发展历史。讲座共分为两部分，第一部分主要介绍独特的俄罗斯文化，包括俄罗斯的民族、文学、音乐、饮食以及俄罗斯人的性格特点。第二部分回顾了 70 年来中俄关系演变的历史背景及其发展轨迹，重点介绍了近 30 年来中俄关系的演变和发展，尤其是新时代全面战略协作伙伴关系的成果和发展前景。

主讲人简介：周晓沛，中俄友好、和平与发展委员会老朋友理事会中方主席，外交部老干部笔会副会长，外交学院兼职教授。曾任外交部苏欧司苏联处处长、欧亚司司长，中国驻俄罗斯使馆公使，驻乌克兰、波兰、哈萨克斯坦特命全权大使。

一、独特的俄罗斯文化

今天我想主要结合 40 多年外交生涯中的亲历亲闻，分享交流如何看待独特的俄罗斯及新时代中俄关系。记得英国丘吉尔曾说过：俄罗斯是谜一样的国家，当你猜到谜底的时候，看到的却是一个新的谜题。要讲清楚俄罗斯问题，确实并非容易。

上世纪 70 年代和 90 年代，我曾先后在莫斯科工作，第一次是苏联，第二次已是另一个国家俄罗斯了。我从小就喜爱文学，读过的第一本外国小说就是奥斯特罗夫斯基的《钢铁是怎样炼成的》。可以说，我们这一代人，几乎都是在阅读俄罗斯文学、欣赏俄罗斯歌曲中成长起来的。正因如此，我自然选择学习俄语，从而决定了自己一生的命运。1964 年考入北大俄罗斯语言文学系，1973 年进外交部苏联东欧司，退休后继续从事中俄民间友好交流，几乎一辈子都与苏联、俄罗斯打交道。

（一）独特的民族

俄罗斯是一个非常独特的民族，有别于世界上任何国家。如何理性解读这个奇蔽国度及"战斗民族"？记得法国总统萨科齐访俄时曾提出一连串问题，普京未予直接回答，而是引用 19 世纪俄国诗人丘特切夫一段名言"Умом Россию не понять"，意思是俄罗斯不可理喻，对她不能用常规量度：俄罗斯别具一格——对她你只能相信。而现实中的俄罗斯相当高调张扬，加之某些媒体抹黑渲染，有时又令国际社会难以置信。

俄罗斯国土广大，面积 1700 多万平方公里，有 156 个民族。俄罗斯人祖先是东斯拉夫人，信奉东正教。东正教由基督教分裂而来，随着罗马帝国的衰败，基督教分化为以拉丁语地区为中心的西派和以希腊语地区为中心的东派。公元 1504 年，两派彻底分裂。西方教会对原教条进行了补充和修正，以"普世性"自诩，称天主教；东方教会则信守原教条，反对革新，以"正宗"自居，称东正教。没有东正教，就没有俄罗斯。普京指出：过时的苏联意识形态、复旧的保皇主义和西方的极端自由主义都不适合俄国，俄罗斯需要的是扎根于本国传统价值观的务实保守主义。这被称为新保守主义，其实质就是民族利益至上，主要特征是固守传统，高度集权，可控民主，强势崛起。

俄罗斯联邦横跨欧亚两洲，东西长约 1 万公里，共分 9 个时区。西端加里宁格勒人刚上班，东端堪察加半岛居民早已下班回家。到西伯利亚后，你才知道什么叫真正的地大物博。坐火车好几天都是看不到头的原始森林，地下自然矿产资源富得流油，石油、天然气、煤炭储量约占世界总量三分之一。仅贝加尔湖的淡水，可供全球人口饮用半个世纪，被称为"世界之井"。有人开玩笑说，"后石油"时代，俄罗斯人靠卖水也能自救。正如罗蒙诺索夫所言："俄罗斯的强盛有赖于西伯利亚。"

（二）俄罗斯文学

俄罗斯人酷爱文学，崇拜文学。1880 年，在莫斯科市中心为普希金树立了铜像，这是俄国历史上第一座为诗人建立的纪念碑。至今 100 多年时间里，仅莫斯科市内就有上千座的诗人、作家和其他名人纪念碑。无论你走到俄罗斯的哪个城市，到处可见为文学家树立的纪念碑、纪念牌以及保存完好的故居博物馆。无论到哪家俄罗斯朋友做客，你都可看到陈列在书房或图书角的各种文学名著。

俄罗斯人对文学的特殊爱好，这可能与其独特的民族性格有关。俄罗斯被称为是一个"诗与剑"的民族。东西方文化交融，既有斯拉夫人的豪放、粗犷，又有诗人般的激情、浪漫。用"铁的诗句"向沙皇暴政挑战，歌颂自由民主的两位伟大诗人普希金、莱蒙托夫，都是因为爱情——"捍卫爱与尊严"决斗而结束了年轻的生命。1918 年，俄罗斯著名思想家别尔加耶夫在《俄罗斯的命运》中这样写道：德国是欧洲的男人，俄罗斯是欧洲的女人。俄罗斯可能使人神魂颠倒，也可能使人大失所望。这似乎生动勾画了其民族的独特性、矛盾性及多变性。

俄罗斯文化积淀深厚。从古罗斯发展到现代俄罗斯的千年历史中，创造了丰富多彩的灿烂文化，诸如罗蒙诺索夫、门捷列夫、柴可夫斯基、列宾等世界级的科学家、艺术大师不胜枚举。如果说18世纪是俄罗斯帝国扩张疆土的鼎盛期，那么19世纪是俄罗斯文化的空前繁荣期。俄国文坛上，先后有古典主义、感伤主义、启蒙主义几种流派，从19世纪20年代起浪漫主义占了主导地位，而反对农奴制的斗争促进了向批判现实主义的转变，19世纪后半期则是具有民族独特风格的俄罗斯文学高峰期，涌现了普希金、托尔斯泰、陀思妥耶夫斯基、果戈里、契诃夫、屠格涅夫等一大批文学泰斗。高尔基曾这样评论道：托尔斯泰和陀思妥耶夫斯基是两个最伟大的天才，他们以自己天才的力量震撼了全世界。

在一次"是什么让俄罗斯人如此爱国"的民意调查中，俄罗斯文学出人意料地在民族自豪感的理由列表中排名第一，而辉煌历史排在第二位。历经时间考验，俄国文学被公认为世界文坛上的璀璨明珠，赢得世人尊重。《战争与和平》《安娜·卡列尼娜》《叶甫根尼·奥涅金》《罪与罚》《静静的顿河》《钢铁是怎样炼成的》等经典名著在中国家喻户晓。俄罗斯近现代文学影响了中国几代人，也深刻影响了中国文学创作。

俄罗斯文学普遍格外沉重，就像是"大地、雪原和旷野中的呼喊"，读起来并不轻松，要求读者投入到熔炉中，在精神上进行一番修炼。有人评称："一篇陀思妥耶夫斯基小说给你带来的精神震撼，可能远超过看一万个段子得到的肤浅快感。"我们这一代人大多读过奥斯特洛夫斯基的小说《钢铁是怎样炼成的》，都记得保尔·柯察金的这段闪光格言："人最宝贵的是生命，生命对于每个人只有一次。人的一生应当这样度过：当他回首往事的时候，不因虚度年华而悔恨，也不因碌碌无为而羞愧。"讲得多好啊！这也是我外交人生的座右铭。我想，年轻人就应该有梦想，有追求，要奋发有为。我写过一部外交回忆录，书名就叫《外交官是怎样炼成的》。外交是崇高、神圣的职业，因为代表的是国家，需要以自己的一言一行来维护祖国利益，外交官也需要千锤百炼才能成材！

俄罗斯人喜爱读书，而且有买书、藏书的习惯。上世纪我在莫斯科工作时，曾好奇地发现，无论在地铁还是公共汽车上总是静悄悄的，人们都在低头看书或阅读当天的报纸。

我到俄罗斯朋友家做客,最羡慕的就是他们家中都有书房或图书角,书架上摆满了各种经典图书,包括50卷的《苏联大百科全书》。他们总是书不离手,相互间赠送礼物,往往爱送文学名著或精美画册,认为细细品味经典名著,不仅是艺术享受,而且能升华情操。据统计,俄罗斯人年均纸质图书阅读量为55本,居世界前列。"俄罗斯男人公文包里,总是装着两样东西——酒杯和书;女人手提袋里,也离不开两样物品——化妆盒和书。"这一说法是对俄罗斯人喜欢阅读的形象概括,可能也是俄民族文化素养比较高的一个源泉吧。

记得1995年我国领导人应邀赴莫斯科参加反法西斯战争胜利50周年庆典时,当晚在克里姆林宫大会堂举行的音乐会上朗诵了西蒙诺夫创作的《等着我吧》这首诗:"等着我吧——我会回来的,死神一次次被我击败……只有你和我两个人将会明白——全因为同别人不一样,你善于苦苦地等待。"大厅内掌声雷动,不少人都跟着一起朗诵。音乐会结束后,大使给我打电话,说首长要看《等着我吧》这首诗的原文,让明天早饭前送到。我赶紧把这一任务下达给文化处,可他们感到为难,说中译文能找到,但半夜三更到哪里去找原文呀?我也觉得大海捞针不好找,就说你们可以请求俄罗斯朋友帮忙。没过一会儿,他们就告诉我已找到了,俄罗斯朋友听说中国领导人对西蒙诺夫的诗感兴趣,马上就开着车将他的诗集送来了。

(三)苏联老歌

苏联老歌是俄罗斯文化的不朽代表作,也是世界文化艺术宝库的珍品。那些歌词优美、曲调流畅的苏联歌曲,无论思想性还是艺术性方面,都有很高的品位和迷人的魅力。它们不仅让你认识了俄罗斯人性格中的热情、奔放和凝重、忧伤两面,而且得到美的艺术陶醉,伴随我们已有半个多世纪,鼓舞和愉悦了中国几代人。

"深夜花园里,四处静悄悄,树叶儿也不再沙沙响。夜色多么好,令我心神往,在这迷人的晚上……衷心祝福你,好姑娘,但愿从今后,你我都不忘,莫斯科郊外的晚上。"这首歌是1956年全苏运动会文献纪录片中的一个插曲,列宁格勒人作曲,原歌名叫《列宁格勒的晚上》,当时反响并不大。1957年莫斯科举行第六届青年联欢节,改名为《莫斯科郊外的晚上》一炮走红,荣获金质奖章。因为歌名更改,作曲家便遭到许多列宁格勒人怒斥,被宣布为"不受欢迎的人"。从此,歌曲插上翅膀飞向世界各地,译成各种语言到处传唱,歌曲的内涵也从爱情延伸到对亲友、祖国,对一切美好事物的爱和美好未来的向往。不过，其命运也备受坎坷。随着中苏关系解冻，这首扣人心弦的抒情歌曲才得以浴火重生。据歌词译者本人披露，"但愿从今后，你我永不忘"这一金句是他翻译时自己加进去的。这句的俄文原词是"姑娘，该分别了，你好走。"这一改爱情的色彩更浓，也有点中国味了。李肇星外长讲过这样一件轶事。有一次他往访俄罗斯，拉夫罗夫外长在俄外交别墅花园里举行欢迎晚宴。酒至中巡，俄外长突然宣布：现在有请俄罗斯女功勋演员用中文为我们演唱"中国著名歌曲"——《莫斯科郊外的晚上》。话音刚落，引起哄堂大笑。现如今，这首歌在中国的传唱率远高于在俄罗斯，正因如此，才出现了上述那段幽默。

当然，歌词是很难翻译的，既不能背离原意，又得考虑语言及文化之间的差异。正如《三套车》中文歌词中的"老马"，原文中"люблю"是指爱姑娘，描述年轻车夫将失去自己亲爱的姑娘时悲伤和忧郁的心情，在中文歌词中"姑娘"这一主角，在翻译的笔下却变成了"可怜的老马"。年轻车夫究竟是爱"马"还是爱"人"，至今还存在不同的解读。我专门请教了几位俄罗斯朋友，他们听后无不哈哈大笑，都斩钉截铁地表示：小伙儿当然是喜爱姑娘喽！至于这匹"可怜的老马"，真不知是从哪儿跑出来的。

苏联老歌中，最震撼心灵、激励士气的革命战斗歌曲可能要数创作于二战初期的《神圣的战争》。1941年6月22日，德国法西斯军队突然入侵苏联。战争爆发的第三天，诗人列别杰夫创作了《神圣的战争》；次日，苏军红旗歌舞团团长亚历山德罗夫彻夜为之谱曲；26日，在莫斯科火车站，当即将赴前线的士兵正与家人告别的时候，亚历山德罗夫率领歌舞团唱响了这首歌："起来，巨大的国家，作殊死战斗，要消灭法西斯恶势力，消灭万恶的匪帮！让最高尚的愤怒，像波浪翻滚！进行人民战争，神圣的战争。"。年轻战士听完歌后不再忧伤，斗志昂扬地直奔战场。《神圣的战争》被誉为"苏联伟大卫国战争的音乐纪念碑"，斯大林称之为"战火中激励将士的精神食粮"，并赞扬亚历山德罗大红旗歌舞团在战争时期所发挥的作用"顶上几个师的战斗力"。红旗歌舞团曾先后9次访华演出，是传播两国人民友谊的亲历见证者。1952年11月，该歌舞团在中南海怀仁堂为毛泽东、周恩来等领导人表演了精彩节目。而且，这是唯一受到中国四代领导人亲切接见和称赞的外国艺术团。

时光流逝，但这些曾伴随我们青春岁月的苏联老歌，没有被人们忘记，更没有被时代摒弃。这种独一无二的文化现象及社会思潮耐人寻味。我想，恐怕不仅仅是因为这些歌曲经久不衰的艺术魅力和厚重的文化品位，也不仅仅是对过往时代的追忆沉思，更多的是反映对崇高理想、未来美好生活的向往和追求。

（四）俄罗斯饮食

在世界近代史上，记载着两大辉煌：一是 1812 年俄国人民在卫国战争中打败了不可一世的拿破仑；二是 1945 年苏联人民经过 1418 个日日夜夜的浴血奋战，用 2700 万人的生命换来了反法西斯战争的伟大胜利。靠的是什么？据说，主要是因为俄罗斯人具有克敌制胜的顽强意志和凝聚力。

俄罗斯人爱喝酒，而且是"海量"。公元十世纪，基辅罗斯的弗拉基米尔大公说："喝酒是罗斯人的天生嗜好，没有这种乐趣，就无法生存。"伏特加意为"生命之水"，是俄罗斯民族的血液。伏特加用谷物或马铃薯为原料，经过蒸馏制成高浓度的酒精，再用蒸馏水勾兑，并经过活性炭过滤，不甜、不苦、不涩，喝下后有如火焰在胸腔燃烧的感觉。俄罗斯是伏特加的故乡，发明化学元素周期表的门捷列夫为"伏特加之父"。他不仅贡献了伏特加的标准配方，甚至连伏特加的名字也是他起的。经过反复科学实验，他发现最理想的酒精度数是 40 度，这对人体最为适宜。无论是东欧，还是美国出产的伏特加，均为标准的 40 度。俄罗斯人对外国人常说的一句口头禅，就是"不喝伏特加，等于没有来过俄罗斯"。据记载，卫国战争期间，为提高战斗力，斯大林批准每天给前线野战部队每人派发伏特加 100 克，后又把打胜仗的定量增为 200 克。有历史学家称，他们是"靠伏特加和卡秋莎打赢了战争"。现在，俄罗斯人均饮酒量也居全球第一。政府颁布过禁酒令，但"几度禁酒几度醉"。漫长而寒冷的冬季，不仅使他们嗜酒成性，也磨炼了其特有的韧性。

俄罗斯人喜欢吃黑面包，认为这是比白面包更有营养的"离不开的食物"，不常吃还容易生病。有人却曾误认为俄罗斯人穷得只好靠吃黑面包生活。黑面包历史悠久，早在 9 世纪就已经在古罗斯普及开来，并成为俄罗斯最重要的主食。黑面包是由特殊的原料和方法烤制而成，具有独特的营养价值。其主要原料是荞麦、燕麦和小麦，吃起来略微带点酸味，但多嚼一会儿就觉得有一股淡淡的甜味。在种类众多的黑面包中，"鲍罗金诺"是黑面包中的极品。据说，1812 年俄罗斯人抗击拿破仑入侵期间，年轻的俄罗斯将军图奇科夫在莫斯科郊区鲍罗金诺英勇牺牲，他的妻子悲痛不已，便进入莫斯科市郊的一个女修道院，以烤面包纪念亡夫。在那里，她见许多受伤的战士吃饭没有胃口，于是就把一些开胃健脾的香草籽放进面粉揉好，发酵三天三夜后烤出的面包颜色黑黄、奇香扑鼻，既富有营养，又易于消化。从此"鲍罗金诺"黑面包名扬四海。俄罗斯首任总统叶利钦，曾将一箱"鲍罗金诺"黑面包作为国礼送给我国领导人。我每次去俄罗斯出差，总要买几个黑面包带回，送亲朋好友很受欢迎。

俄罗斯人喜欢甜食，尤其酷爱冰激凌。在俄国，沙皇宫廷的达官贵人特别爱吃冰激凌。据记载，1862 年卡捷琳娜二世正是用品赏冰激凌，把彼得二世诱骗进宫，随后即发生了宫廷政变。从前，冰激凌在俄国是家庭手工业制造，在莱蒙托夫的作品中就这样描写过。1917 年十月革命后，从美国引进机器生产冰激凌。俄罗斯盛产牛奶，冰激凌不仅含奶量大，吃起来美味可口，而且价格便宜。每年不论春夏秋冬，不论是在大街上还是公园里，你都可以看到有人在吃冰激凌，这已成为他们的个性。丘吉尔曾惊奇地说，一个人们在零下 20 度还在街上吃冰激凌的国家是不可战胜的。

2016 年普京赴杭州参加 G20 峰会时，特意给我国领导人送上了整整一箱俄罗斯冰激凌作为礼物。"冰激凌外交"不仅成为一段佳话，更是推动这份国礼成为"网红"。我们在莫斯科工作过的老人都爱吃俄罗斯冰激凌，它以货真价实著称，我们习惯地按俄语发音将冰激凌叫做"麻老鼠"。但冰激凌属于特殊食品，要进入中国市场面临很多门槛。据了解，在普京亲自做广告后，大批中国订单飞向俄罗斯，俄方厂家也纷纷将目光投向消费需求庞大的中国市场。如今俄罗斯冰激凌已出现在中国多地保税区的进口直营店和超市冷柜里，有的还特别贴出"俄罗斯国礼——冰激凌"的小广告。令我感兴趣的是，在新冠疫情期间，俄新社莫斯科发过这样一条消息："尽管遭遇疫情，但俄罗斯冰激凌产量持续增长。同时，中国出现了越来越多喜欢俄罗斯冰激凌的人，对华出口也在增长。"

（五）俄罗斯人性格

俄罗斯人豪爽，重感情。我在苏联工作时中苏关系不好，但老百姓家里依旧珍藏着五十年代中国留学生送给他们的钢笔、毛巾、老照片以及明信片。记得有一次去北极摩尔曼斯克出差，在咖啡馆里碰见一位中年俄罗斯人，聊了一会儿天，知道我们是中国人后，就马上请去家里做客，打开冰箱，拿出鱼子酱和伏特加盛情招待。后来他到莫斯科出差，还给我打电话，邀请到老阿尔巴特街一起喝咖啡叙旧。有一位前任离馆时介绍的外地朋友，每次来莫斯科都要请我去外高加索餐厅品尝风味烤肉，结账时怎么说也不让你埋单。

至于我们两国普通外交官在几十年风雨同舟中建立起来的个人友谊，不论国家关系好坏，都历久弥新。尤其难能可贵的是，当双边关系中遇到什么障碍或困难时，双方都能相互理解信任，携手促进缓和，力求推动合作。在中苏边界谈判、中苏关系正常化、建立中俄战略协作伙伴关系等方面，双方老外交官都做出了应有的贡献。退休后仍不忘初心，倡议成立"老朋友俱乐部"，传承世代友好理念，为新时代中俄关系传递正能量。双方各有十多位老大使成员，我们定期聚会，包括俄罗斯驻华大使和我们的老部长都参加了，继续以建言献策、研讨讲座、时评发声、著书立说等各种方式，致力于两国民间友好交流。双方联手编撰的《我们和你们：中国和俄罗斯的故事》中、俄文版由两国外长作序推荐，先后三次修订再版，被誉为中俄关系的"教科书"。针对西方媒体刻意"妖魔化"俄罗斯，我们结合40多年外交生涯中的亲历亲闻，撰写《怎样看独特的俄罗斯》等系列文章并转发公众号、微信朋友圈，受到好评点赞。为庆祝中俄友好、和平与发展委员会成立25周年，中俄老朋友理事会和央视总台俄语部联手拍摄制作《友谊与智慧——老朋友传承世代友好的故事》纪录片（中、俄文版）。该片以中俄双方十多位亲历者访谈及老照片、原场景、耳熟能详的俄罗斯经典音乐等图文音像交融并茂形式，从一个侧面生动反映近半个世纪来两国关系的发展变化轨迹，宣示薪火相传、世代友好的珍贵和平理念。

俄罗斯人不娇生惯养。从小就培养勇敢、冒险的性格，幼儿园孩子冬季用冷水浇身锻炼意志和体魄，到大剧院看芭蕾、听音乐会，接受文化艺术熏陶。俄罗斯全民教育中十分重视体育锻炼，许多健身项目被提升至文化课一样的重要地位，如学生达不到标准就不准毕业。据统计，俄罗斯大学教育普及率居世界第一，高达54%。俄的家庭平均钢琴拥有量、家庭藏书率也是最高。当然，近些年来也出现了许多负面问题，包括腐败现象严重、治安状况差、犯罪率上升等，但其整体素质仍然较高。

二、中国与俄罗斯关系

中俄关系称为"新时代全面战略协作伙伴关系"。中俄之间为什么要建立战略协作伙伴关系？战略协作究竟包括哪些内涵？新时代中俄关系主要特征是什么？全面战略协作伙伴关系发展前景到底如何？要搞清这些问题，不能不回顾两国关系演变历史背景及其发展轨迹。

（一）复杂的中苏关系

迄今，中俄关系只有 30 年，而中苏关系却有 42 年的历史。俄罗斯是世界上最早承认并与新中国建交的国家，中俄关系 70 年走过不平凡的风雨历程。俗话说"三十年河东，三十年河西"。从上世纪 50 年代起中苏关系十年友好结盟、十年关系恶化、十年对立为敌、十年缓和改善。完全可以说，两大邻国关系充满了世界史上最为错综复杂的戏剧性变化。令人欣慰的是，在这一惊世大逆转之后，我们双方都变得聪明起来了，从曲折发展的历史中汲取了智慧和力量。近 30 年来，中俄关系不仅没有任何反复，而且取得前所未有的大发展。

在这儿，我想讲一个上世纪赞颂中苏友谊的歌词作者命运沉浮的真实故事，这在某种意义上也是两国关系的一个缩影。《莫斯科－北京》创作于 1949 年 12 月，正值中苏两国关系处于高潮时期。毛泽东到莫斯科访问的消息引起苏联举国轰动。在这种激情的感染下，一位被流放西伯利亚的诗人写下了"苏中人民永远是兄弟"的不朽名句。据说，斯大林很喜欢这首歌。毛泽东第一次听到这首歌时已乘火车返回北京，想亲自见一下歌词作者，而那时他因遭人诬告还是苏维埃政权的"异己分子"。在斯大林的亲自过问下，苏联军事法庭很快撤销了对其所有指控，并被安排到苏中友协工作。从此诗人的命运发生了剧变，从一名普通作家迅速高升至苏联外交部部长助理。然而，随着中苏关系恶化，《莫斯科－北京》这首歌曲渐渐被人淡忘，作者个人处境也越来越艰难，再次沦为一名普通的诗人。更倒霉的是，他的诗作再也没有人敢发表了。在 80 年代初的一个寒冬里，穷困潦倒的诗人惨死在野外雪地上……这位在政治风云中大起大落的苏联诗人，哪里知道两国关系的"寒冬"过后会再度"回暖"？！

1965 年，毛泽东主席曾对柯西金说过这样一段意味深长的话："我看中苏关系早晚会好起来的，可能是十年之后，美国人会帮助我们团结起来。"上世纪 80 年代，由于国际形势变化及各自内外需要，中苏双方都调整政策，致力于缓和紧张的双边关系。从 1982 年 3 月 24 日勃列日涅夫前往靠近中苏边境塔什干发表关于愿意改善苏中关系的讲话，到中国外交部第二天即做出正面回应，紧接着派苏欧司司长秘密访问莫斯科传递信息，随后双方启动中苏关系正常化的政治磋商。这一连串的外交举动并非偶然巧合，却是双方幕后不谋而合的精心安排。政治磋商一开谈就是六年，围绕"三大障碍"问题针锋相对，相互扯皮，谁也说服不了谁，被称为"聋子对话"。不过，与昔日火药味十足的中苏边界谈判不同，都心平气和，并未红脸吵架。1986年7月戈尔巴乔夫符拉迪沃斯托克讲话在消除障碍问题上做出松动，成了中苏关系回暖的一个转折点。双方本着平等协商、互谅互让的精神，开始相向而行，最终达成妥协。1989年5月，戈尔巴乔夫应邀访华与邓小平举行高级会晤，双方对历史上的恩恩怨怨做出明智的了断，正式宣布"结束过去，开辟未来"，一举实现关系正常化。四十年的风风雨雨使我们双方都蒙受了沉重损失，也都汲取了深刻教训和智慧。无论是结盟还是对抗，都是不成功的，中苏、中俄关系还是要以和平共处五项原则为基础。这样，两国之间就建立起了不结盟、不对抗、不针对第三国、相互睦邻友好的正常国家关系。

（二）中俄关系的演变发展

从1992年俄罗斯总统首次访华开始，中俄两国领导人建立了定期互访机制。通过直接接触，增加相互了解，消除彼此隔阂。从中俄双方重新承认"相互视为友好国家"，到确认两国已具有"新型的建设性伙伴关系"，直至1996年宣布发展"战略协作伙伴关系"。中俄战略协作伙伴关系结伴不结盟，是一种新型的战略性关系。它不仅有政治互信的重要前提，更有传统友好、互利合作的扎实根基。所谓"战略协作"，其实质就是在双方关切的重大核心问题上相互支持、相互配合，共同应对挑战，维护地区和世界的和平与稳定。

1. 中俄关系的三次过渡

自中俄建立战略协作伙伴关系以来的20多年中，两国关系实现了三次平稳过渡。第一次过渡是，普京接替叶利钦出任总统。双方重申，中俄建立平等信任、面向二十一世纪的战略协作伙伴关系符合两国人民的根本利益。两国领导人签署了为期20年的《中俄睦邻友好合作条约》，把"世代友好、永不为敌"的思想以法律形式固定下来，并彻底解决了历史遗留下来的边界问题。至此，历经近40年光阴，曲折艰辛的中俄边界谈判终于结束，这是一个双赢的结果。它不仅消除了两国关系中历史遗留下来的悬案隐患，曾几何时的"北方威胁"成了互为安全稳定的战略屏障，而且为国际上和平解决边界争端树立了标杆。

第二次过渡是，梅德韦杰夫接替普京出任俄罗斯总统仅半个月，就到中国进行承前启后、面向未来的重要访问，双方共同推动中俄战略协作伙伴关系更好更快地向前发展。双方强调，在涉及对方核心利益问题上相互支持是中俄战略协作伙伴关系的核心内容，加强能源合作是中俄战略协作伙伴关系的重要组成部分，而扩大和深化人文领域合作对巩固中俄战略协作伙伴关系具有重大意义。在双方的共同努力下，在能源等领域的务实合作取得了重大突破。

普京复任总统后不久即正式首访中国，也预示两国关系已顺利实现了第三次过渡，有人形容进入"黄金时期"。对西方看得比较透、一向重视发展对华关系的普京重返克里姆林宫，这将有利于中俄关系的长期稳定发展。

2. 中俄关系的大发展

近 30 年来，在国际风云诡异变幻中，中俄关系取得了前所未有的大发展，尤其在涉及各自核心利益问题上相互提供宝贵的支持。中俄是两大邻国，都是安理会常任理事国，新时代中俄关系超越一般的伙伴关系，已成为世界上"真正信赖的战略伙伴""新型国际关系的典范"。中俄都十分珍惜这一来之不易的战略合作。

自 2013 年至今，两国元首会晤 30 余次，建立了密切的工作关系，结下了深厚的个人友谊。他们一起乘高铁、看冰球、摊煎饼、喝伏特加、游涅瓦河……一次次亲密互动、交流，不断写下中俄元首友好交往的佳话。中俄最高领导人之间的亲密关系是高水平两国关系的生动写照。

3. 中俄新时代全面战略协作伙伴关系

2019 年中俄建交 70 周年之际，两国元首共同宣布发展中俄新时代全面战略协作伙伴关系，开辟了两国关系的新纪元。2021 年，习主席和普京举行视频会晤，一致同意延长中俄睦邻友好合作条约有效期，确保两国"背靠背"战略合作持续健康稳定发展。

在两国领导人的战略引领下，中俄战略伙伴协同劈波斩浪，不断取得新成果，迎来新机遇。当然，中俄关系发展进程中难免也出现这样那样的问题，包括相互认知有差异、贸易结构失衡等。在新冠疫情最艰难的时刻，中俄双方相互同情、相互帮助，俄罗斯是第一个派遣防疫专家代表团来华的国家，中国是向俄罗斯提供抗疫物资支持最有力的国家。面对个别国家的恶意攻击与抹黑，双方彼此仗义执言，并肩力挺多边主义，反对将疫情政治化，为新时代中俄关系增添战略内涵。中俄关系具有强大内生动力和独立价值，不受国际风云变幻影响，不受任何其他因素干扰。

中俄关系经受住国际风云变幻新的考验，保持正确前进方向，展现坚韧发展势头。双方发展双边关系的意愿更为坚定，推进各领域合作的信心更为牢固。中方愿同俄方一道，以两国元首重要共识为引领，推动新时代中俄关系不断向更高水平迈进。双方一致确认，在当前复杂形势下，中俄将继续加强战略协作伙伴关系，在国际事务中进一步加强协调、扩大合作。

4. 中俄关系的现状与前景

现在，我国是俄罗斯最大的贸易伙伴，是俄第一大原油进口国、最大食品进口国。2018 年以来，中俄双边贸易额连年超过 1000 亿美元，较 2001 年增长 20 倍。2020 年在全球贸易大幅下滑背景下，中俄农产品贸易逆势增长，中国成为俄最大的农产品、肉类产品出口目的地国。2021 年双边贸易额达 1480 亿美元。在西方制裁背景下，双方开展正常贸易，今年第一季度中俄贸易额增长约 30%。下一步要实现 2000 亿美元目标，思想观念需要创新，经济合作必须进入结构转型和战略升级的新阶段，着重进行战略性大项目合作，提升中俄利益交融水平。当然，民众之间交流和友好度不够，双方需进一步加强民间人文及地方交流合作，夯实两国关系的社会民意基础。

当前，世界上险象丛生，各种不安全、不确定因素明显增多，国际局势进入动荡变革期，世界正经历百年未有之大变局。中俄互为最主要、最重要的战略伙伴，中俄新型大国关系稳步健康发展对双方都具有不可替代的战略价值，对维护国际公平正义、世界和平稳定也至关重要。在大乱局、大变局的新形势下，中俄两大邻国唇齿相依、命运与共。双方宜通过更紧密、更深层次的战略沟通，更好地联手应对全球性的新问题、新挑战，进一步加强政治互信，深化务实合作，谨防某些敌对势力挑拨离间，并注意照顾对方的利害关切和舒适度，给两国人民带来更多实实在在的好处，确保双方"背靠背"战略合作长期可持续发展。

作为中苏、中俄关系近半个世纪风云变迁的亲历者和见证者，我们坚信，立足于"世代友好、永葆和平"的两大邻国关系发展前景将更加广阔光明！

（2022 年 5 月 19 日）

罗马尼亚的内政外交

主讲人：徐坚

内容提要： 本讲座全面介绍了罗马尼亚的基本情况及中罗关系发展历史。讲座共分为两部分，第一部分主要介绍罗马尼亚概况，具体分析了罗马尼亚的基本国情、政治发展、经济规模以及外交历史四个主题。第二部分聚焦中罗之间的外交关系，重点介绍了支撑中罗关系长期发展的原因，回顾了中罗两国在面对天灾时所展现的真情厚谊。

主讲人简介： 徐坚，资深外交官，曾任中华人民共和国外交部欧亚司副司长、外交部纪委副书记、监察部驻外交部监察局局长、中华人民共和国驻斯洛文尼亚特命全权大使、驻罗马尼亚特命全权大使、驻波兰特命全权大使。

一、罗马尼亚概况

（一）基本国情

罗马尼亚位于欧洲东南部，面积23.8万平方千米，在欧洲排名第12位；人口1932万，在欧洲排名第9位；主要民族为罗马尼亚族，占总人口88.6%；官方语言为罗马尼亚语；主要宗教为东正教。首都布加勒斯特，面积228平方千米，人口214万。由于深受法国文化艺术影响，布加勒斯特亦有"小巴黎"之称。

罗马尼亚四季分明，气候宜人，风光秀丽，旅游资源丰富。有6个世界文化遗产（东北地区的彩绘教堂群、北部地区的木教堂等）、1个世界自然遗产（多瑙河三角洲）和众多有特色的旅游景点，如议会宫、佩列什王宫、吸血鬼城堡、地下盐矿、黑海之滨等。

从罗马尼亚的民族、语言和国家形成看，有三个特殊：一是民族特殊。罗马尼亚人的祖先为达契亚人。约公元前1世纪，建立了第一个中央集权和独立的奴隶制国家。公元106年至275年达契亚国被罗马帝国征服期间，达契亚人同驻扎在当地的罗马军人共居融合，形成了罗马尼亚民族。二是语言特殊。与罗接壤的国家有摩尔多瓦、乌克兰、匈牙利、塞尔维亚和保加利亚，东南临黑海。罗的多数邻国使用的语言属于斯拉夫语系，只有罗马尼亚语属于拉丁语系，与意大利语、西班牙语、葡萄牙语、法语相似度很高。罗因此被称为"斯拉夫海洋中的拉丁岛"。罗马尼亚语的形成是在罗马帝国统治期间民族融合的结果。三是国名特殊。从字面上可以看出，罗马尼亚与罗马帝国（Romania/Roman Empire）关联度很高。据称，罗马尼亚的意思是"罗马人的土地"或"罗马的领地"。罗马帝国于公元 275 年放弃这一地区后，14 世纪在该地区先后建立了瓦拉几亚、摩尔多瓦和特兰西瓦尼亚 3 个公国，16 世纪后这 3 个公国成为奥斯曼帝国附庸。1859 年，瓦拉几亚公国和摩尔多瓦公国合并，称罗马尼亚，仍隶属奥斯曼帝国。1877 年 5 月 9 日，罗马尼亚宣布独立。1881 年，改称罗马尼亚王国。1918 年 12 月 1 日，特兰西瓦尼亚公国与罗马尼亚王国合并。至此，罗马尼亚形成统一的民族国家。1947 年 12 月 30 日，成立罗马尼亚人民共和国。1965 年，改国名为罗马尼亚社会主义共和国。1989 年 12 月 22 日，改国名为罗马尼亚。

（二）政治体制

罗马尼亚政治体制大体可以分为三个时期：第一个时期 1877 年至 1946 年，实行君主制；第二个时期 1947 年至 1989 年，为社会主义时期，共产党执政；第三个时期 1989 年至今，实行政治多元、三权分立的共和体制。目前政局稳定，国家机器运转正常。

讲到罗马尼亚的政治，就不能不提 1989 年 12 月罗马尼亚的剧变。众所周知，东欧国家在第二次世界大战后均建立了共产党政权。上世纪 80 年代末 90 年代初，东欧苏联相继发生剧变，这些国家的共产党丧失政权，有的自行解散，有的被宣布为非法，党的领导人有的被软禁，有的流亡海外。而罗马尼亚的剧变则以惨烈的流血形式结束，党的总书记齐奥塞斯库及夫人被处决，1000 多人在剧变中丧生。

1947 年，罗马尼亚共产党经选举后上台执政。1965 年，齐奥塞斯库当选为罗共第一书记，之后他带领罗共迎来了罗马尼亚蓬勃发展的鼎盛时期。罗国民经济快速发展，国家实力明显增强，人民生活不断改善，百姓安居乐业。罗奉行独立自主的外交政策，积极发展与世界各国的关系，强烈反对苏联入侵捷克斯洛伐克，面对苏联入侵罗的威胁，坚定表明捍卫国家主权独立的决心。这些使罗共在国内得到人民的热烈拥护，在国际上赢得较高声望。

　　然而，从 20 世纪 60 年代末 70 年代初开始，罗马尼亚国家发展战略上出现严重失误，导致国家债台高筑，经济发展速度减慢，物资供应日益匮乏，人民生活每况愈下，社会矛盾不断加深，群众不满不断积累。而齐奥塞斯库作为领袖却固步自封、独断专行，对党内和国内改革呼声置若罔闻。1989 年 12 月 16 日，罗西部一个城市爆发反政府的抗议活动并很快蔓延至全国，军队和警察纷纷倒戈，与支持政府的安全部队发生激战。反对派很快控制了全国局势，齐奥塞斯库夫妇被捕，25 日即被临时法庭判处死刑并当场执行，罗共随后遭到取缔。

　　拥有近 400 万党员的罗马尼亚共产党旦夕之间丧失政权，罗马尼亚随之"改变颜色"，究其根源有来自外部因素的冲击，但关键在于自身，在于罗共丧失了"民心"。具体表现为：

　　1. 思想作风上脱离人民群众，伤害民心

　　一是党内民主遭到严重破坏。罗共执政后期，民主集中制在党内名存实亡。齐奥塞斯库集党政军大权于一身，独断专行，夫妇当政。二是形式主义和弄虚作假盛行。党内浮夸和弄虚作假成风，下属只报喜不报忧。政府公布的工农业产量每年都在提高，但水分很大，1989 年罗粮食产量官方公布为 6000 万吨，实际仅为 1690 万吨。三是个人崇拜和享乐主义严重。

　　2. 国家治理上罔顾人民利益，背离民心

　　一是思想僵化，反对经济改革。罗马尼亚经济体制是 20 世纪 50 年代从苏联照搬过来的全面计划管理体制，在一个时期内使罗经济取得一定程度的发展，但随着经济发展和社会进步，它既不适应国内经济发展的需要，更不能适应国际市场的激烈竞争。但齐奥塞斯库却拒绝改革。二是不切实际，偿还高额外债。在国家经济和人民生活已十分困难的情况下，罗共仍提出在 1990 年之前还清高达上百亿美元的外债，并为此采取最大限度限制进口和增加出口的方针。由于罗工业产品竞争力不强，销路有限，只能靠大量增加出口农副产品创汇，大幅压缩进口能源节约外汇，导致国内供应严重不足，人民的基本需求得不到保障。三是劳民伤财，大搞华而不实的"形象工程"。在民生凋敝的困境下，罗共还大兴土木，修建形象工程，其中最突出的例子就是举全国之力修建人民宫（现称议会宫）及其配套建筑群。人民宫建筑面积为 33 万平方米，是世界上第二大单体建筑。1984 年开工建设，到 1989 年剧变时只完成了 70% 的工程，却已耗资 20 亿美元。

3. 忽视意识形态工作，丢失民心

罗共长期忽视党的理论建设和党员的思想教育，理想信念没能在广大党员和群众中深深扎根，罗社会潜伏着信仰危机。与此同时，罗共对防范美西方意识形态渗透重视不够、抵御乏力。美国在西欧设立了两个针对苏东地区进行政治和文化渗透的广播电台——"自由欧洲电台"和"自由电台"，抓住罗国家治理中出现的失误，渲染放大罗社会问题，炮制了一系列别有用心的新闻，蛊惑民众上街闹事。美西方在齐奥塞斯库的审判过程中更是极力污蔑栽赃，齐奥塞斯库被安上了许多"莫须有"的罪名，包括屠杀六万罗马尼亚民众、海外私人存款超过十亿美元等。

中国共产党与罗马尼亚共产党诞生于同一年，但两者命运却大相径庭。我们党历经百年风雨，度过无数激流险滩，不断从胜利走向胜利。从中国共产党和罗马尼亚共产党执政的兴衰成败不难得出一个结论，那就是人心向背关系党的生死存亡，人民群众才是党的执政基础。

（三）经济发展

罗马尼亚属于新兴市场国家。目前，国内生产总值中服务业占 62.6%，工业占33.2%，农业占 4.2%。1989 年起由计划经济向市场经济转型。由于受转轨及国际金融危机、欧债危机等因素影响，经济发展曲线呈波浪形。近几年增速较快，2021 年达到 5.6%，人均 GDP 为 1.49 万美元，处于高收入国家的行列（根据世界银行的数据，2021 年高收入国家的门槛为 12695 美元），但在欧盟国家中经济水平排名偏后。根据欧盟统计局数据，按标准购买力平价 (PPS) 计算，2021 年罗马尼亚人均 GDP 为欧盟平均水平的 73%。罗的目标是 2025 年达到欧盟平均水平的 87%。

罗马尼亚拥有很好的发展条件，土地肥沃，资源丰富，自称是上帝的后花园；劳动力受教育程度高，成本较低。但由于多种原因，其发展速度不算快。1973 年我去罗马尼亚留学时，中国人均 GDP 约 157 美元，罗约 973 美元，两者相差 6 倍。当时，看到罗马尼亚人民拥有的良好条件，过着舒适安逸的生活，我十分羡慕。改革开放 40 多年来，中国经济快速发展，人民生活大幅改善。2021 年，人均 GDP 中国为 1.25 万美元，居世界第 56 位，罗为 1.49 万美元，居世界第 52 位，双方差距大幅缩小。仅这一点就展现出中国特色社会主义制度的优越性和生命力，让我们更有理由坚定道路自信、制度自信、理论自信和文化自信。

（四）外交政策

罗马尼亚作为一个中小国家，历史上长期与奥斯曼帝国、哈布斯堡王国、奥匈帝国和沙皇俄国等大国为邻，屡遭侵略，国家的独立和领土完整屡受威胁；第二次世界大战后，作为社会主义国家，陷入东西两大阵营对峙争斗的旋涡之中；东欧剧变后，罗马尼亚所在的中东欧地区依然是大国博弈战场。面对这种形势，为了求生存谋发展，罗马尼亚长期奉行灵活的外交政策，左右逢源，周旋于大国之间，以最大限度地维护和争取自身的利益。

1877 年 4 月第十次沙俄与土耳其战争爆发，罗马尼亚加入俄国阵营，借助俄罗斯的力量摆脱了奥斯曼帝国的统治，赢得国家独立。

在第一次世界大战中，罗加入英、法、俄等国组成的协约国一方，对德国、奥匈帝国、奥斯曼帝国和保加利亚组成的同盟国宣战。战后，罗作为战胜国，国土面积扩大了一倍多。

在第二次世界大战中，罗马尼亚加入轴心国一方并参加了反苏战争。其中一个重要原因是，罗试图夺回被苏联占领的领土比萨拉比亚。当反攻的苏联军队打到罗马尼亚边境线时，罗马尼亚共产党等政党与王室一起举行起义，调转枪口，加入反对轴心国的阵营。随后，派军队参加了解放匈牙利、捷克斯洛伐克等国的战斗。

1. 社会主义时期的外交政策

二战后，罗马尼亚成为由共产党领导的社会主义国家，直至 1989 年 12 月政权更迭。这一时期，罗马尼亚的外交政策大体上可以 60 年代初为界分为两个阶段，之前基本上是跟随苏联，之后独立自主的意识日益彰显。

（1）跟随苏联。罗马尼亚建立人民共和国、成为社会主义阵营一员后，至上世纪 60 年代初，与苏联的关系十分密切，在对外关系中，基本是与苏联保持一致。1949 年作为创始国之一加入经济互助委员会，1955 年加入苏联建议成立的华沙条约组织，并积极参与上述两个经济和政治军事组织的活动。跟随苏联批判坚持独立自主和不结盟的南斯拉夫，在 1956 年匈牙利事件中允许苏军过境进入匈，在 60 年代中国与苏联的争论中站在苏联一边指责中国等等。

（2）日趋独立自主。罗马尼亚身处社会主义阵营，但对苏共长期以老子党自居，要求其他国家照搬苏联的模式，动辄教训他人，干涉他国事务心有不满。从 20 世纪 60 年代初开始，罗马尼亚逐渐摆脱苏联的控制，在对内对外事务中维护自己的利益，坚持走独立自主的道路，反对霸权主义和大国沙文主义，致力于同各国发展友好关系。与苏联的关系渐行渐远，与西方的关系不断发展，与中国的关系得到改善。

二战后，苏联在罗马尼亚长期驻军。在罗的不断要求下，苏军于1958年全部撤离罗。针对苏联关于华约各成员国的一部分军队组成"一体化部队"、由华约联合武装部队总司令部统一指挥的建议，罗强调只有本国的"党、政府和总司令部"可以指挥罗的军队。1978年苏联建议扩大华约总司令的权限，并将华约军队的活动范围扩大到欧洲之外。遭到罗坚决反对。1968年8月20日苏联等几个华约国家军队入侵捷克斯洛伐克，罗不仅未参加这一行动，还予以强烈谴责。此后，罗既不参加华约的联合演习，也不准华约部队在其境内举行军演。1979年苏联入侵阿富汗，罗坚决反对。齐奥塞斯库公开强调，罗"坚决反对帝国主义的控制、专横和侵略政策，即实力政策，坚决反对施加压力和进行奴役以及干涉他国内政的种种形式""反对霸权主义和大国沙文主义"。1967年6月第三次中东战争爆发后，苏联东欧国家领导人举行会晤并通过要求以色列立即停止军事行动的声明，罗是唯一没在声明上签字的与会国，也是当时唯一与以色列保持外交关系的社会主义国家。1973年智利发生右翼军事政变，罗马尼亚是东欧唯一在政变后没有与智利断交的国家。1980年，美国等50多个国家因苏联入侵阿富汗而抵制在莫斯科举行的第22届奥运会。1984年洛杉矶举办奥运会时，苏联等16个国家予以抵制，罗是唯一没有参加抵制的华约国家。罗反对苏联提出的经济"一体化"方案。苏联主张在经互会内部进行"劳动分工"，实行"生产合作专业化"，罗、保等经济比较落后的国家主要发展农业。罗表示，"社会主义国家在走向共产主义的过程中，决不是在任何超国家机构的指示下得到发展的"，反对外来"干涉"，坚持推进根据自身需要制定的工业化发展战略。

与此同时，罗马尼亚与西方的关系得到很大发展。1969年美国总统尼克松应邀访罗，罗是第一个接待美国总统的华约国家。1973年、1978年罗马尼亚总统齐奥塞斯库两次访问美国。1975年美国给予罗最惠国待遇，罗是第一个享受此待遇的社会主义国家。罗在华约国家中率先与西德建交，并加入国际货币基金组织和关贸总协定。英国首相、法国总统等西方国家领导人纷纷访罗。

在处理与中国的关系上，罗马尼亚不再盲目追随苏联，明确反对在国际共产党运动中对中国共产党的围攻，拒绝参加相关的反华会议等，并为缓解中苏矛盾、促进中苏关系改善居中调解斡旋，传递信息。上世纪80年代，齐奥塞斯库曾多次访华。邓小平同志在会见时，请他就改善中苏关系向苏联领导人传话。罗马尼亚为中美关系解冻、促成两国建交也发挥了桥梁作用。早在 1967 年，罗就向中方转达了美方对中国和中美关系的看法。1969 年 8 月美国总统尼克松访问罗马尼亚在与齐奥塞斯库会谈时表示，认同齐奥塞斯库关于"美方必须放弃其对华立场，包括进入联合国问题和承认问题"的看法，并欢迎罗"在中美之间充当调解人"。

当时，罗马尼亚是除南斯拉夫外唯一一个长期坚持独立自主、与各国友好外交政策的社会主义国家，因此在国内国际受到广泛的赞誉，也为罗赢得了广阔的国际空间。1989 年罗马尼亚剧变后，罗国内外对齐奥塞斯库及其国内政策的否定声不绝于耳，但对其奉行的外交政策却鲜闻批评之声。

2. 当前的外交政策

东欧剧变苏联解体后，罗马尼亚的政治经济体制发生了翻天覆地的变化，其外交政策也随之做出根本性调整，外交方向由东转向西，核心是回归欧洲，融入欧洲大西洋体系，加入欧盟和北约。历届政府的外交政策在不同时期侧重点有所不同，但总体方针始终未变。1994 年 2 月，罗马尼亚加入北约和平伙伴关系计划，2004 年 3 月加入北约。1993 年，罗马尼亚成为欧盟的联系国，2007 年 1 月成为欧盟正式成员。目前，正致力于全面融入欧洲，加入申根区和欧元区。

当前，罗马尼亚奉行积极的外交政策，努力提升罗在国际上的作用，以实现本国的目标和利益，使罗成为一个在国际上受到尊重的国家。目前与 192 个国家保持着外交关系。

罗马尼亚现行的外交政策有三大支柱，即提升罗在欧盟中的作用，增强罗在北约中的战略能力，深化和扩大与美国的战略伙伴关系。罗把欧盟视为融入欧洲的象征和加快自身经济发展的依靠。支持欧洲的一体化，认为欧盟的团结是欧盟的力量之源，主张维护欧盟的团结和统一。支持欧盟扩大，鼓励西巴尔干地区和东部伙伴（系波兰和瑞典提出的倡议，2008 年欧盟首脑会议通过，旨在加强与欧盟东部国家摩尔多瓦、乌克兰、格鲁吉亚、白俄罗斯、亚美尼亚、阿塞拜疆的合作）国家融入欧洲，认为这有利于东南欧的稳定。罗由于与摩尔多瓦同根同源，特别为摩尔多瓦融入欧洲提供大量支持帮助。在加快自身经济发展方面，罗从欧盟受益很多。2007-2021 年，欧盟向罗提供的资金支持为 687.5 亿欧元，同期罗向欧盟捐款为 240 亿欧元。

视北约为罗安全的主要保障，致力于加强与北约的团结和联系，积极参加北约的行动和任务，在北约东部东南翼防务中扮演着积极角色。曾派兵赴伊拉克、阿富汗。认为俄罗斯与乌克兰的冲突危及黑海地区、整个欧洲—大西洋地区的安全局势，需要加强北约东翼的威慑和防御地位；要求北约增加在罗驻扎的兵力并在罗常驻；决定从 2023 年起将国防预算在国内生产总值的百分比从 2% 上调到 2.5%。

罗马尼亚把美国视为最重要可信赖的战略伙伴。两国于 2011 年 11 月签署《21 世纪罗马尼亚和美国战略伙伴关系联合声明》，确定了政治、安全、经济、科技、研究、教育和文化等主要合作领域。近年来，两国保持各层级密切的接触，各领域合作不断深化和扩大。军事和安全是双方合作的重要领域。美在罗部署有反导系统，设有军事基地并派有驻军。2020 年 10 月，两国签署《2020—2030 年双边防务合作路线图》，提出一些战略优先事项：加强在黑海地区的合作，持续轮换驻罗美军，加强网络安全监管，增强网络安全，美国为盟国的能力建设和军队现代化提供支持。双方在经济领域合作在不断加深。目前，美国是罗主要的非欧洲投资国。2020 年 12 月双方签署在民用核能和能源领域开展合作的协议，在翻新和建造罗核电站、开采黑海天然气方面将进行合作。俄乌冲突爆发后，罗美两国总统数次通话，美副总统访罗。美除了作出保卫北约东翼坚定的承诺外，还向罗增派部队，部署先进的战机，还将在罗部署最新的防空和反导防御装备。罗希望加快向罗部署北约战斗群。

罗马尼亚与俄罗斯关系紧张，视俄为敌对国家和最大的安全威胁。在俄乌冲突中支持乌克兰，谴责俄罗斯。认为俄罗斯的举动严重违反了国际法，侵犯了乌克兰的主权和领土完整。要求俄罗斯无条件停止对乌克兰的军事行动，从乌克兰境内撤回所有兵力。坚决支持并积极参与对俄罗斯的各种制裁，包括驱逐外交官、禁止俄飞机飞越、抵制俄能源等等。目前已接纳 77 万来自乌克兰的难民。4 月 26 日，罗众议长和总理一起访问乌克兰，以显示对乌的支持。罗与俄关系紧张主要出于两个原因，一是领土问题。罗对历史上苏联强占了属于罗马尼亚领土的摩尔多瓦地区始终耿耿于怀。二是现实威胁。罗把俄看作是对罗安全的最大威胁，克里米亚事件以及俄乌冲突爆发后，这种担忧更加强烈。

罗马尼亚重视双边层面的关系。致力于不断加强与德国、法国、意大利、波兰、西班牙、英国、土耳其、以色列以及其他邻国的战略伙伴和特殊关系，也愿意发展与加拿大、日本、韩国、中国、印度以及中亚、中东、亚洲、非洲、拉丁美洲和加勒比海地区等国家的关系。

罗重视多边的合作，如积极参与三海倡议机制（2015 年克罗地亚和波兰倡议建立，12 个国家参加，旨在加强相关国家基础设施等建设合作）、布加勒斯特 9 国机制（2015

年罗马尼亚与波兰倡议建立,旨在加强北约东翼 9 个国家的军事合作)等。

二、中国与罗马尼亚关系

中国同罗马尼亚有着传统的友谊。两国于 1949 年 10 月 5 日建交,罗是第三个与新中国建交的国家。建交 70 多年来,尽管国际形势风起云涌,世界格局深刻复杂变化,两国关系经受住了考验,呈现出以下几个特点:一是稳定性。建交后,两国关系在上世纪六七十年代中苏关系紧张时期有过起伏,但总体发展平稳且合作不断加深,特别是苏东剧变对双边关系几乎没有造成冲击。1991 年 1 月罗总统伊利埃斯库在东欧国家中率先访华。这有别于中国与其他中东欧国家的关系。二是层次高。两国领导人保持了频繁的接触。两国许多领导人都访问过对方的国家,体现了双边关系的高水平。三是范围广。双方的合作涉及各层级、多领域。如政府、议会、政党、地方及民间组织、政治、经贸、文教体等。四是内涵深。两国在军队、警察、宪兵、安全等一些敏感领域也有良好的合作。罗马尼亚在相当长一段时间里是中东欧国家中与中国交往最多、关系最密的国家之一。

中罗关系之所以能够长期稳定发展,主要有以下几个原因:

1. 相互尊重有原则

世界是五彩缤纷的,各国有着不同的历史、文化和发展道路,所处的环境和面对的问题也各不相同,对世界的认知、处理问题的方法也不可能一样,中罗也是如此。但两国始终遵循相互尊重、不干涉对方内部事务、求同存异的原则,处理彼此的关系。上世纪六七十年代中苏关系紧张,中罗两国对苏联的看法不同,中国认为苏联背叛了马列主义,是修正主义国家。罗则坚持认为中苏都是社会主义国家,积极调解中苏的矛盾冲突。对中国实行改革开放,罗不赞同,认为发挥市场调节作用和允许一部分人先富起来,是"搞资本主义""倒退到资本主义"。而我们对罗坚持教条的理论和僵化的实践也有看法。但这些分歧并未妨碍双方关系的发展。1989 年罗发生剧变,放弃共产党的领导、放弃社会主义,走上一条与中国完全不同的道路。不少人对中罗友谊能否保持、中罗关系能否继续发展产生疑问。罗马尼亚新政权救国阵线成立不久,我陪同中国大使拜访救国阵线全国委员会领导人,向罗方转达了中国领导人的信息:中国尊重罗马尼亚人民选择的发展道路,愿在和平共处五项原则基础上,超越社会制度、意识形态和价值观念的差异，继续保持和发展与罗马尼亚的合作关系。中方的政策得到罗新领导人的赞许和认可。中罗关系经受住了剧变的冲击。此后，罗举行过几次选举，总统以及议会、政府的组成多次变更，不管是左派执政还是右派上台，中方始终坚持尊重对方选择的原则，两国人民的友谊、两国关系的发展并未受到影响。

2. 患难之交显真情

中罗两国都有这样的谚语，"患难识真交"，中罗两国正是这样的真朋友好朋友。长期以来，中罗两国一贯相互支持，相互帮助，在艰难时刻更是如此。上世纪三四十年代，两位罗马尼亚医生来到中国，投身中国人民的抗日战争。中华人民共和国成立后，罗马尼亚帮助中国发展工业特别是石油开采业，向中国提供设备，派专家来华工作，为中国培养人才。罗一直支持恢复中国在联合国的合法席位，在 1971 年第 26 届联合国大会上，罗作为联合提案国对恢复中国的席位投了赞成票。在台湾问题上始终坚持一个中国的立场。1996 年 2 月，中国云南省丽江地区发生 7 级地震后，尽管当时罗马尼亚正处于转轨时期，经济十分困难，罗政府仍向中国伸出援手，提供了资金支持。罗马尼亚一位官员说，中国和罗马尼亚是患难之交，每当罗马尼亚需要时，中国都慷慨解囊，我们也要回报中国。2003 年"非典"在中国肆虐，罗总理专程访华并随专机带来一批医疗物资，以示对中国的支持。在罗马尼亚遇到困难时，中国也同样伸出了援助之手。1968 年 8 月 20 日苏联入侵捷克斯洛伐克后，罗马尼亚也面临苏联入侵的威胁。罗一方面全民动员准备捍卫国家主权和领土完整，另一方面寻求外界支持。8 月 23 日，周恩来总理亲自赴罗马尼亚驻华使馆，出席罗驻华大使举行的国庆招待会并发表讲话，强烈谴责苏联入侵捷克，坚决声援罗马尼亚。1970 年，罗马尼亚遭遇前所未有的水灾，造成巨大财产损失和人员伤亡，中国立刻向罗提供了无偿经济和物资援助，是援助罗最多的国家。这两件事在罗马尼亚成为佳话，流传至今。2005 年罗马尼亚再次遭受水灾，中国政府很快向罗提供了救灾援助，我作为大使代表中国政府与罗外交部国务秘书就此签署了交接证书。在签字仪式上，国务秘书深情地说，中国提供的援助再次体现出中罗两国和两国人民之间存在的深厚情谊。在新冠疫情肆虐之时，两国友好省市同舟共济、互相支持。俄乌冲突爆发后，罗方为自乌克兰撤离的中国公民入境、转移积极提供便利与协助。两国相互支持、相互帮助的类似事例举不胜数。

3. 增进友谊夯基石

友好的民意是国家关系的基础。70 多年来，两国在患难之中建立起相互信任的关系，各层级多领域的交流与合作增进了相互了解和友谊，进而形成了良好的民意基础。两国领导人十分重视双边关系的发展，经常接触，不断加深彼此的友谊。中国领导人在与罗领导人保持密切接触的同时，也十分重视做普通群众的友好工作。

众所周知，罗马尼亚剧变后实行多党制。在实行多党制的国家，朝野轮流执政十分常见。为不断扩大两国友好的基础，保证两国关系不受或少受政权更迭的影响，我们既要与执政党发展关系，也要同在野党开展交流。在与罗的交往中，我们一直坚持这一做法。罗剧变后，我们党在短期内即与罗主要的政党均建立了联系，并通过"请进来、走出去"，不断加深彼此的了解。在中东欧国家中，中罗在政党交流方面表现最为突出，罗与我党建立正式关系的政党数量最多，交往最频，合作最密，效果也最好，几个主要政党均对华友好，愿意与我党发展关系。

进入新世纪以来，特别是 2014 年约翰内斯当选总统后，中罗关系在各自对外关系中的定位逐渐发生了变化，从全面友好合作关系转向正常的国家关系。尽管如此，两国的合作继续稳步发展。贸易额逐年增加，2021 年为 102.15 亿美元，同比增长 31.6%，创历史新高。人文交流成为两国关系发展的积极推动力和维系两国人民友好感情的强劲纽带。在罗马尼亚有 4 个孔子学院、10 个孔子课堂、130 多个教学点。汉语已经进入罗教育体系，在中小学教授。近年来，两国文化交流呈现机制化、品牌化、多元化发展趋势，在罗举办"欢乐春节"演出、中国戏剧节、电影节、展览以及中罗青少年联谊等活动深受欢迎。

在百年未有的大变局中，在复杂多变的国际形势下，中罗关系也面临一些新的挑战，我们工作的难度有所增加。我们要增强忧患意识和底线思维，同时要树立坚定的信心，努力工作，排除干扰，推动中罗关系不断前行。

（2022 年 4 月 28 日）

克罗地亚的内政外交

主讲人：简军波

内容提要： 本讲座脉络式呈现了克罗地亚的国家全貌。讲座共分为三部分，第一部分主要介绍了克罗地亚自 19 世纪末以来的历史、克罗地亚的族群、人口与产业，描述了克罗地亚的基本概况。第二部分聚焦克罗地亚的政治制度，分析了其国内的主要政党与利益群体。第三部分详述了克罗地亚的对外关系，剖析了该国对欧盟、其邻国、美俄以及中国之间的关系。

主讲人简介： 简军波，复旦大学中欧关系研究中心副主任、副研究员。主要研究欧洲问题、中欧关系和国际政治理论。曾赴英国杜伦大学、布鲁塞尔自由大学、奥尔堡大学和伦敦经济和政治学院做访问学者。曾任中华人民共和国驻克罗地亚共和国外交官。

一、克罗地亚国家概况

（一）克罗地亚的历史

克罗地亚在历史上与南斯拉夫有着密切的关系。在成为南斯拉夫的一员之前，尽管克罗地亚作为一个现代国家的历史存续时间不长，但其作为一个政治实体的存续历史则比较悠久，中间也存在过被外国吞并的时期，领土范围也发生过变化。从古罗马时代开始，现在克罗地亚所在地区就已经摆脱了原始时代，进入到了拥有政治架构的时期。在古罗马时代，它曾是罗马帝国的一部分。在克罗地亚境内存有古罗马的遗迹，其靠近亚得里亚海的第二大城市斯普利特与意大利隔海相望。在古罗马时代，斯普利特曾是一位罗马皇帝的行宫所在地。离斯普利特不远的城市普拉依然保留有古罗马时代的斗兽场。罗马帝国灭亡之后，克罗地亚地区先后被包括威尼斯共和国、奥斯曼帝国在内的不同政治力量所统治或受到影响。奥斯曼帝国的主体在当今土耳其，宗教主要以伊斯兰教为主，所以在克罗地亚也有部分信奉伊斯兰教的穆斯林群体，但伊斯兰教并不是克罗地亚的主流宗教，这主要因为奥斯曼帝国在欧洲的主要统治范围在巴尔干南部，包括如今波黑和阿尔巴尼亚等地区，所以对克罗地亚的影响相对弱小。奥斯曼帝国在该国的影响衰弱之后，奥匈帝国开始登场，天主教和基督教的力量在克罗地亚一直兴盛。第一次世界大战之后，克罗地亚与塞尔维亚联合形成独立王国，因此克罗地亚和塞尔维亚关系也十分密切。

第二次世界大战时期，纳粹德国攻占巴尔干地区，克罗地亚成为纳粹附属，并发展出一支支持纳粹德国的势力——乌斯塔沙，而同时期的塞尔维亚的主流则是致力于推翻纳粹统治，追求国家独立解放的共产主义力量。如今，虽然在法律上纳粹势力不被允许公开活动，但正是由于这段历史，克罗地亚至今还存在着遗留的纳粹势力，也因为这一段历史，使得克罗地亚和塞尔维亚之间存在历史遗留问题与族群冲突。二战之后，克罗地亚作为一个共和国并入到南斯拉夫联邦，即通常所说的南斯拉夫。1991年，克罗地亚和塞尔维亚相继独立。在独立过程中，塞尔维亚和克罗地亚发生了严重的武装冲突，有些战役发生在克罗地亚本土。围绕南斯拉夫解体过程中塞克间的战争问题，塞尔维亚与克罗地亚一直相互指责。塞尔维亚人认为这场战争包括了克罗地亚人对塞尔维亚人的仇杀，而克罗地亚人则坚信自身是在进行独立战争，并遭受来自塞族的仇杀。可见塞克双方对上世纪那场战争的解释和理解存在巨大分歧。直到2013年，克罗地亚加入欧盟，成为西方国家。从国土地理特性来看，该国主要分为东部的斯拉沃尼亚、西北部的伊斯特拉和西南部的达尔马提亚三个部分，具有各自不同的气候特点、地理环境和人文资源。

（二）克罗地亚的族群、人口与产业

克罗地亚因构成人种复杂，且缺乏早期文字记录，关于其民族发源的问题众说纷纭。有的假说认为克罗地亚人来自西伯利亚，有的假说认为克罗地亚人发迹于波兰，有的假说认为克罗地亚人是自日耳曼演绎而来，还有一部分假说认为克罗地亚人来自伊朗高原。总体来说，克罗地亚人的民族来源并非绝对纯净和单一的。克罗地亚人平均身高举世闻名，甚至高于西欧人，不逊于北欧人。人口数量方面，最新数据显示克罗地亚目前共是380多万人口，不足400万。人口集中在一些主要城市和地区，克罗地亚全国共划有20个省级单位，其中包括1个直辖市——萨格勒布（即克罗地亚首都）。该市集中了克罗地亚共约1/4的人口，即将近有100万人口常住于该市。近些年人口外流与人口老龄化比较严重。最受克罗地亚外流人口青睐的目的地是奥地利、荷兰、德国等西欧国家。在宗教族群方面，克罗地亚与同地区的其他国家相比较为简单，大多数克罗地亚人信奉天主教，少数人信奉伊斯兰教以及东正教。

克罗地亚的旅游业非常发达，有着丰富的旅游资源、悠久多彩的人文资源以及优美的自然风光。旅游业产值约占其每年 GDP 的 20%，由此可见旅游业对于克罗地亚的重要性。不过一定程度上，其旅游基础设施相对落后于旅游业发展需求，旅游服务设施的发展还有较大空间。近年来，疫情对包含餐饮、酒店住宿、运输以及航空等行业在内的克罗地亚旅游业造成了巨大冲击。

二、克罗地亚政治体制

（一）克罗地亚政体概况

克罗地亚曾经历"民主转型"，由一个社会主义共和国转向目前所谓的"西方民主制"。与西欧国家相比，采用"西方民主制"政体的中东欧国家存在着包括政治体制相对不稳定，相对腐败以及政府对于媒体的相对压制等问题。

克罗地亚采用单一议会制作为国家政体，议会选举产生国家总理，总统由全民普选产生。有别于多数西方国家政体分工架构，克罗地亚总理统揽全国行政事务与全局；总统负责国家军事与外交事务及元首职责。在特定情况下，总统可以管理内政，总理也能够对外交事务产生影响。在这种情境下，总统与总理具有一定程度的共同决策的特点。如果总统与总理分属不同政党，矛盾就可能随之而起。举例而言，总理可以提出克罗地亚驻外国大使的人选，但决定权获任命权在总统。总统的另一个权力——军权——更为重要。总统是军队的总指挥，所有军队归总统辖制。因此，克罗地亚总统和总理都有实权，相互构成一定程度的制衡。克罗地亚前总统基塔洛维奇与时任总理普连科维奇都来自于同一政党"民主共同体"（HDZ），因此两位克罗地亚领导人在内政和外交方面的立场差异不大，基本上能保持同一立场。但自 2020 年起，克罗地亚总统选举后，来自社会民主党的左翼政治家米兰诺维奇当选总统，而总理没有发生变动。于是，一个中右翼政治家和一个中左翼政治家在有些问题上出现了矛盾。比如，在俄乌冲突问题上，来自民共体的总理比较倾向于布鲁塞尔的欧盟政策，而来自社民党的总统则没有那么倾向于布鲁塞尔的立场，表示要保持中立，甚至同情俄罗斯的立场。

（二）克罗地亚主要政党与利益群体

目前，克罗地亚的主要政党有两个，即民主共同体与社会民主党。此外，克罗地亚还有若干中右翼、右翼和极右翼小政党，左翼政党相对不常见。社民党属于中左派政党，由前南斯拉夫共产主义联盟克罗地亚分支转化而来，为克罗地亚政坛最大反对党。现任总统来自社民党，该党也曾获得内阁权。现任总统为米兰诺维奇就曾以社民党党籍出任过克罗地亚总理。代表少数民族的政党在议会里也拥有议席，这些不同政党代表意大利人、匈牙利人与塞尔维亚人等。其中，代表塞尔维亚人的政党在议会中有一定影响力。当民共体在议会的议席数量不足时，会联合代表塞尔维亚人的政党这些少数党，使得其势力在议会中的票数过半。因此，代表塞尔维亚人的政党可能会加入执政党联盟，成为主要执政党的执政伙伴。

利益群体方面，退伍军人在克罗地亚有着较高的影响力与声望，退伍军人一般属于保守派。克罗地亚是经过所谓"国土战争"（homeland war）获得独立的，因此现存的退伍军人中有很多人都参加过发生于 1991 年到 1995 年之间的战争。总而言之，退伍军人确实为克罗地亚的国家"独立"做出过贡献和牺牲，所以他们的影响力不言而喻，是一支较大的团体，并能在一些社会事务上发表看法，影响政局。

来自各行业的工会团体在克罗地亚也颇具影响力。在工资谈判当中，工会团体是代表整个行业的利益集团，直接与政府的经济部进行谈判。在克罗地亚，曾经发生因薪资问题而引发的旷日持久的工会游行示威，影响克罗地亚的正常社会运行。

少数民族团体也存在于克罗地亚。目前，尽管塞族跟克族之间的冲突依然存在，但塞尔维亚与克罗地亚两国之间的矛盾已基本平息，外交关系基本上实现了正常化。在克罗地亚的塞尔维亚人也是安居乐业，族群平等成为一种政治正确。但由于克罗地亚还遗留着部分纳粹主义，所以针对塞族的歧视在无形当中依然存在。在现实生活中，塞族人开的饭馆存在被克罗人莫名其妙地砸毁，克族人对塞族人进行武力攻击的个别现象。但这些行为一般会被克当局所谴责。因为克罗地亚人口不足，有效劳动力不足，所以克罗地平政府希望那些曾经在战争期间迁移到其他地方的塞尔维亚人能够重新回归，在政策上也做了对应调整，曾被克罗地亚政府没收的塞尔维亚人的部分财产和房产也已开始归还。但因沧海桑田，很多财产无人认领。时至今日，克罗地亚的乡间小路两旁还留有很多空房，没有得到修缮。

三、克罗地亚对外关系

（一）克罗地亚与欧盟关系

　　克罗地亚有着诸如东南欧国家、巴尔干国家、亚得里亚海国家等身份，但由于其既是欧盟国家，又是北约国家，克罗地亚最引以为豪的身份是西方国家。克罗地亚在欧盟中获得很多益处。因为克罗地亚是欧盟中相对落后国家，因此克罗地亚每年上交给欧盟的资金少于欧盟对其扶助基金，使得克罗地亚政府能够用欧盟的资金进行建设，比如开发贫困地区。西南部的达尔马提亚地区以及东部的斯罗沃尼亚地区相对欠发达，克罗地亚政府利用欧盟的基金在这两个区域开发电力等基础设施，提振其国内欠发达地区的经济状况。所以，克罗地亚对欧盟非常支持。尽管如此，克罗地亚在欧洲内部尚有两个领域没有加入，其一是欧元区，其二是申根区。在此前很长一段时间内，克罗地亚一直想要申请进入欧元区，但均没有回音。目前，因其已加入欧盟，其欧元区成员的进展已大大提升，及至 2022 年，克已进入法定的"等候室"等待欧盟的决定。申根区也是克罗地亚另一个念兹在兹的组织。克罗地亚对欧盟外的签证审批流程也参照欧盟成员国，目前正变得更为严格。在技术层面上，克罗地亚的签证制度已基本达到成为申根区成员的要求，现在等待欧盟的政治决定。因其与进入申根区的邻国斯洛文尼亚存在领土矛盾，使其在该项事务的最终进展上遇到来自斯洛文尼亚的阻力。在欧盟层面，法国等对克罗地亚进入申根区暂不持支持立场。克罗地亚南临波黑，一旦克罗地亚进入申根区，就意味着给想从波黑移民至西欧国家的移民打通了陆路，西欧国家将面临部分来自波黑巴尔干国家的穆斯林移民，对其他申根区成员埋下隐患。另外，克加入申根区的前景还和罗马尼亚、保加利亚和塞浦路斯等国家加入申根区的前景相连，使克加入申根区的努力变得更为复杂。尽管克罗地亚加入欧元区和申根区存在各种挑战，但总体上，加入欧盟对于克罗地亚发展而言有着巨大的促进作用。

（二）克罗地亚与其邻国关系

　　正如前一节所言，克罗地亚在加入申根区的过程中仍面临着一些阻碍，其中最主要的反对者就是克罗地亚的北邻——斯洛文尼亚。斯洛文尼亚非常反对克罗地亚加入申根区。斯洛文尼亚认为克罗地亚与其有领土争端和领海争端。假如克罗地亚不按照斯洛文尼亚的意愿解决争端，斯洛文尼亚就不会投票同意克罗地亚进入申根区。斯洛文尼亚希望通过这种方式给克罗地亚施压以解决两国间的主权争议。除了斯洛文尼亚之外，克罗地亚的东面邻国塞尔维亚，以及与塞尔维亚毗邻的罗马尼亚、保加利亚以及塞浦路斯对克罗地亚加入申根区也持反对态度。其中，罗马尼亚、保加利亚以及塞浦路斯申请加入申根区的时间要长于克罗地亚，不愿意被克罗地亚后来居上。

由于历史问题，克罗地亚与邻国塞尔维亚的关系较为复杂，两国经常在历史问题以及著名人物归属问题上意见相左。比如发明交流电的科学家特斯拉，两国就这位杰出科学家究竟是塞尔维亚人还是克罗地亚人争论不休。从国籍上讲，特斯拉是塞尔维亚人，但特斯拉长期住在克罗地亚，因此他也算是克罗地亚人。近年来，因克罗地亚是欧盟成员国，塞尔维亚正力争进入欧盟，所以双方在一些近代史问题方面的分歧逐渐被掩盖或缓和了，总体关系较为平稳。

克罗地亚与南面接壤的波黑也存在领土争端，尚未解决。另外，克罗地亚在波黑唯一的出海口处建有一座桥，波黑人认为自己的出海口被克罗地亚的桥所挡，但克罗地亚人则认为桥的高度完全能够让任何船只通过。如果没有这座桥，那么克罗地亚人要进入该国的杜布罗夫尼克，则需先到波黑中转，或者直接通过海路进入，十分不便。不过这一问题并没有成为双边的持久争议。波黑国内的族群构成十分复杂，主要由塞尔维亚人、克罗地亚人与波什尼亚人组成，三族势力共同执掌国政。由此可见克罗地亚人占波黑国内人数比例之多。加之两国曾同为南联盟成员，在政党方面也有一定的重合度，这更加体现了克波两国关系的紧密性与复杂性，有些波黑的克族拥有克罗地亚和波黑的双重国籍。

总而言之，克罗地亚与其邻国的矛盾其实并没有被完全解决，只是在当下和平中被搁置了。一旦未来的某个时刻，该地区进入不稳定的状态，这些被搁置的矛盾在很大程度上就会成为一个新的冲突的来源。这也是整个巴尔干地区被称为"火药桶"的原因。

（三）克罗地亚与美俄关系

克罗地亚与美国的关系在总体上非常好。克罗地亚的军事力量在很大程度上由美国武装装备，美军的飞机也可以在萨格勒布机场起降。此外，部分美军地方武装，明尼苏达州国民警卫队与克罗地亚军队关系密切，克罗地亚军队受前者训练。政治上，克美两国也是千丝万缕，包括克前总统基塔洛维奇在内的众多克罗地亚政治人物都曾在美国留学，从美国毕业的。

克罗地亚与俄罗斯的关系总体而言一般，国内没有强烈反俄倾向。俄罗斯仅在能源领域在克罗地亚有投资活动。

（四）克罗地亚对华关系

1. 贸易投资关系

目前的克罗地亚成立于 1991 年，我国在其成立之后很快与之建交。但直到"一带一路"倡议实施之前，中克关系较为平淡，无实质性进展。这主要是因为克罗地亚主要的外交方向是欧洲，其经贸关系也主要在欧洲发展。克罗地亚的主要贸易伙伴是包括德国、奥地利、塞尔维亚和匈牙利在内的欧盟成员和其邻国，其投资主要来自德国、意大利和奥地利等。因此，在很长一段时间内，中克之间的经济联系较为薄弱。到目前为止，中克之间的贸易总量占各自对外贸易总量比例都不高。但近年来中国是克在亚洲最大贸易伙伴，双方贸易增速较快。以 2020 年为例，中国向克罗地亚出口的主要产品是专用船舶、发电机组和计算机。在 2020 年前 25 年内，中国对克罗地亚的出口以 15.6% 的年增长率增长，从 1995 年的 4090 万美元增加到 2020 年的 15.2 亿美元。

中国在克罗地亚的投资不多，但对克都比较重要。其中，最具典型性的代表案例是由中国路桥公司承建的佩列沙茨大桥。佩列沙茨大桥于 2021 年 8 月合龙，2022 年正式建成。大桥主体部分由中国路桥公司建造，建设主体资金来源于欧盟给予克罗地亚的资金，是一个成功的中克欧三边合作项目。该类型项目在中国的海外投资案例及欧盟投资的案例中都不常见。中国的北方国际在克罗地亚的沿海小城塞尼投资了塞尼风电，为当地人民安装了提供风力发电所需要的叶片。在疫情中，中国企业的员工排除疫情带来的阻碍，正常向当地的风车架设叶片等设施，保证了这一有利当地民生项目的顺利推进。此外，诸如华为等中国品牌仍在克罗地亚运营。但近年来，随着美国与欧盟的掣肘，中国在克罗地亚的新的投资标的面临着挑战。

2. 政治文化与关系

疫情发生之前的 2019 年，李克强总理、孙春兰副总理等国家领导人曾到访克罗地亚，国内有关省部级领导也都访问过克罗地亚。克罗地亚的总统、总理和议长在 2018 年至 2020 年间都访问过中国。

文化交流上，我国在克罗地亚的顶尖学府萨格勒布大学办有孔子学院。孔子学院还在克罗地亚承办了一些汉语教学点。也有若干克罗地亚大学建有汉语学习课程，有些想加强汉语教育，但因汉语教师师资力量不足，及大学所在地的地方政府在财政上提供资金支持力度有限，在克汉语教育有待进一步发展。在如今全球政治氛围及历史上两国文化隔膜较深的情况下，中克在文化交流方面要取得突破性发展还需双方共同努力。

（2022 年 4 月 7 日）

数说波黑

主讲人：徐刚

内容提要： 本讲座以数字"0-9"为主线串起波黑国家的基本情况，提炼出 1 份协议、2 个实体、3 个主体民族、4 大宗教、5 万国土、西巴尔干 6 成员之一、7 月事件、8 月电影节、9 部委 9 颗星以及国歌 0 歌词十个方面的概括。在此基础上，鉴于波黑的特殊性，就波黑是否为正常国家、波黑的前景如何、如何研究波黑等问题进行了解答。

主讲人简介： 徐刚，法学博士，政治学博士后，中国社科院俄罗斯东欧中亚研究所副研究员，中国社科院"一带一路"研究中心副秘书长。曾在中国驻波斯尼亚和黑塞哥维那使馆政治处工作。主持完成国家社科基金项目 1 项，主持或完成省部级项目 4 项，参与省部级及以上项目 5 项。著有《巴尔干联合思想与实践(1797-1948)》(专著，2022 年版)、《巴尔干地区合作与欧洲一体化》(专著，2016 年版)、《罗马尼亚》列国志第二版(合著，2016 年版)、《曲折的历程：中东欧卷》(合著，2015 年版)，在《欧洲研究》《现代国际关系》《俄罗斯东欧中亚研究》《俄罗斯研究》等期刊发表学术论文 50 余篇，多次获得社科院优秀荣誉称号和院优秀信息对策信息奖。

波黑全称波斯尼亚和黑塞哥维那，位于原南斯拉夫中部，介于克罗地亚和塞尔维亚之间，首都萨拉热窝。波黑的国土面积不是很大，如果与国内省份相比，相当于半个浙江省。波黑在南斯拉夫时期是联邦内较贫穷的地区之一，目前经济正在渐渐复苏，处于转型进程中。该国在行政及管理上被分成两个实体和一个特区。两个实体为波黑联邦（又称穆克联邦）和塞族共和国，特区名为布尔奇科。

一、波黑的 0-9

关于波黑国家的介绍，可以用 0-9 十个数字来概括。

（一）1份协议

《代顿和平协议》既是停战协议，也是波黑的出生证，因为波黑国家的宪法框架是根据《代顿和平协议》附件四来制定的。波黑的特殊在于它还有一个叫国际社会驻波黑高级代表处（简称OHR）的机构存在。波黑很难用一般的政治学理论进行规范或解释，因此也被称作是人造的国家，具体说是受《代顿和平协议》限制的国家。波黑还不是一个正常国家，目前正在向一个正常国家迈进，但进程比较慢。OHR的机构和规模在不断精简，表明波黑正在不断向正常国家迈进，这也是波黑和其他国家的不同之处。OHR高级代表享有波黑权力，可以推翻它认为一切有碍《代顿和平协议》或者违反《代顿和平协议》的人事任免和法律，反之亦然。例如2003年、2004年的早期阶段，高级代表曾数次撤换波黑主席团成员。

近来，有朋友经常问我：波黑会再爆发冲突吗？这个问题的起因是2021年7月，上一任OHR高级代表瓦伦丁·因兹科在离任前推动了波黑刑法的修改，重要一条就是禁止否认斯雷布雷尼察屠杀。波黑刑法修改遭塞族的强烈抵制，因为塞族不承认斯雷布雷尼察屠杀。这就诱发了塞族共和国的一系列"脱钩"行径，要从国家机构当中脱钩出来。由此可见OHR的权力之大，对波黑国家正常运转的影响也非常大。至于美西方和俄罗斯对波黑的立场，他们与波黑不同民族的关系几乎是他们在联合国斗争的微缩，大体是美西方对塞尔维亚族压制，俄罗斯则大力支持。

（二）2个实体

两个实体分别是塞族共和国、波黑联邦（穆克联邦），呈现犬牙交错的局面，其中波黑联邦是指穆斯林和克罗地亚联邦。萨拉热窝既是波黑的首都，也是波黑联邦的首府。波黑联邦下设10个州，塞族共和国下设8个市。后面会谈到波黑国家层面只有9个政府部门，但每个实体都要约30个左右的政府部门。

（三）3个主体民族

波什尼亚克族也被称为穆斯林，占比约51%；第二位是塞族，占32%左右；克罗地亚占17%，人口比较少。大家注意到过去几年来，克罗地亚族致力于推进的一项工作是修改《选举法》，根本原因就是克族人口少，与波族共同参加波黑联邦（穆克联邦）选举吃亏，因而希望与塞族一样单独选举。波黑在2013年开启人口普查，但是人口普查是个非常敏感的话题，因为会牵涉历史记忆，对民族问题的理解，甚至影响政治合法性。

像北马其顿成立近 30 年，就因为涉及与保加利亚的人口纷争问题，今年才第一次公布人口普查数据，而保加利亚也一再使用欧盟成员国地位推迟北马其顿的入盟时间。在波黑也是这样，波黑 2013 年完成了人口普查，但结果直到 2015 年才得以公布。推迟的理由是统计口径的技术问题，但实际上反映出人口问题背后对历史的理解、对于政治合法性的诉求。在萨拉热窝，伊斯兰色彩较浓不仅是因为波族人口居多，而且近年来不少中东国家的人前来旅游，包括购置房产。萨拉热窝社会治安不佳，人口外流现象比较严重，但是布尔奇科经济发展比较稳定，社会比较安全。OHR 有一个副代表，是布尔奇科特区的监督员。如果说波黑是美国为首的西方捏造出的国家，布尔奇科就是他们一直在努力打造的样板。

（四）4 种宗教

波黑东西文化交错很明显，萨拉热窝老城中心街区有一个东西文化分界线，东面和西面建筑风格的差异非常明显。萨拉热窝被称为"欧洲的耶路撒冷"，四大宗教包括伊斯兰教、东正教、天主教、犹太教并存。从这个角度看，波黑不仅是南斯拉夫的微缩，也是巴尔干的微缩。以中东国家为代表的一些国家积极利用宗教纽带与波黑开展交流和合作。

（五）5 万国土

波黑国土面积为 5 万平方公里，邻国有 3 个，分别是塞尔维亚、克罗地亚和黑山。目前这些国家的边界领土问题仍没有得到很好的解决。2018 年欧盟提出了新的扩大战略，主要针对西巴尔干成员黑山和塞尔维亚在 2025 年的入盟前景。但是仅仅从技术手段来看，这都是不可能达成的一个事实。像塞尔维亚与科索沃、北马其顿与保加利亚，单纯从技术层面来讲，双边协定签订需要通过国内议会程序批准。黑山通过与波黑、科索沃的边界协定就整整花了三年时间，其他更加复杂的牵涉到制度建设、政治领域、历史遗留问题的谈判，就更难估量。因此，2025 年的入盟可能性不大。此外，波黑还有 22 公里的出海口。

（六）西巴尔干 6 成员之一

个人认为，西巴尔干是一个过渡的词汇，因为在欧洲一体化不出现大方向倒车的情况下，西巴尔干这个词发展到一定阶段会消失。西巴尔干这个词创造于 20 世纪末期，明确成为欧盟官方政策词汇是 2003 年的萨洛尼卡峰会。这次峰会赋予了所有西巴尔干成员明确的入盟前景。虽然这些国家入盟进程迟缓，但是非常看重西巴尔干成员身份，相对于乌克兰和其他东部国家来说，具有一定的优越性。关于科索沃问题，全世界承认科索沃的国家最多时大约有 117 个，最少时降到了 100 以下。科索沃与塞尔维亚曾于 2020 年 9 月在华盛顿签署过一个协议，科索沃停止谋求加入国际组织，塞尔维亚则停止压缩科索沃的国际空间。塞尔维亚和科索沃的关系正常化是双方迈入欧盟的一个非常重要的前提，两者关系正常化有过一系列成果，但是后来中断了，现在又重启了这个过程。目前承认科索沃的国家约有 100 个，在欧盟成员国中，有 5 个成员国并不承认科索沃的独立，包括西班牙、罗马尼亚、斯洛伐克、塞浦路斯等。因为这些国家本身存在类似领土分离的问题，例如罗马尼亚和匈牙利的特兰西瓦尼亚问题，所以他们都没有承认科索沃的独立。有意思的是，在非欧盟成员国的欧洲国家当中，波黑不仅没有承认科索沃独立地位，而且其塞族共和国对于塞尔维亚与科索沃之间关系正常化的进程持怀疑立场。

（七）斯雷布雷尼察事件

每年 7 月 11 日，波黑都会举办斯雷布雷尼察事件纪念活动，在萨拉热窝城市中心商场的 LED 屏幕上会记录因为波黑内战而牺牲或失踪人口的数量。寻找失踪人口是波黑与邻国关系正常化甚至是加入欧盟过程中非常重要的工作。许多国家在国家层面成立了失踪人口委员会，波黑也不例外。波黑每年都会公布当年找到了多少失踪人口，并根据其遗骨或者遗骸确认是哪一天进行安葬。本人有幸于 2017 年参加了纪念活动，对这个事件的复杂历史及其影响深有感触。

（八）8 月萨拉热窝电影节

萨拉热窝电影节在《代顿和平协议》还未签署，甚至还是在战争期间就已经举办了，在整个东南欧甚至在欧洲地区都具有一定的知名度。它是通过文化艺术活动来呼唤和平，呼唤停止战争的行为和活动。电影节从 1995 年至今，影响面非常大，很多国际知名的电影会在次电影节上展演，包括一些顶尖级的导演和演员都会参加。每到 8 月份，都能感受到萨拉热窝市民对这样一场活动的欢迎度和热爱度。

（九）波黑只有 9 个政府部门，国旗上有 9 颗星

波黑在国家层面只有 9 个部，包括国防部、外交部、民政部、内务部、外经贸

部、交通运输部等，但是从两个实体塞族共和国和波黑联邦来看，与大多数国家一样有二三十个部委。在同波黑展开官方合作时，既要与国家层面的部门沟通，也要重视实体各部门的交流。波黑主席团行使国家元首职责，由三大主体民族成员轮换，每8个月换1次，轮职时称轮值主席；政府首脑称部长会议主席，沿袭了苏联或者南斯拉夫时期特色。另外，波黑国旗上有9颗星，但波黑很多人都解释不了为什么波黑国旗上有9颗星。

（十）波黑国歌没有歌词

尽管波黑是一个主权国家，但是主权国家正常化进程很漫长，每一个人对于波黑国家的前景，对于波黑国家的认同感不强，甚至是缺失的。当与波黑人交流时，他们首先强调的是民族身份，会说自己是塞尔维亚族、波什尼亚克族或者是克罗地亚族。当问到塞族人波黑首府在哪里，他们会说巴尼亚卢卡，因为现在塞族共和国所有的政府机构都在巴尼亚卢卡。甚至说，塞族和波族人较少在对方的实体大学中求学。此外，波黑国家的认同缺失还反映在经济层面，缺乏统一的经济空间，即波黑联邦与塞族共和国两个实体之间缺乏经济层面上的对接。

二、波黑是否正常国家

波黑历史比较短，从独立到现在30年不到，没有统一的国庆节。波族强调3月1日，塞族主张1月9日。2016年，塞族共和国在1月9日举行阅兵仪式引发政治动荡。美国财政部海外资产控制办公室以违反《代顿和平协议》为由对时任塞族共和国总统多迪克进行了制裁。去年多迪克发动了一系列将塞族和国家机构脱钩的行动，美国这家机构又对他进行了制裁。对于波黑联邦来说，1992年3月份波什尼亚克族推动了一个公投，当时塞族抵制公投。因为在南斯拉夫解体过程当中，像斯洛文尼亚、克罗地亚、当时的马其顿、现在的北马其顿都独立成为一个主权国家，因此波什尼亚克族在1992年3月1日推动公投相当于确立国庆节。可见，波黑连一个共同的国庆节也没有，所以关于它是不是一个正常国家的问题，显然从目前来看不是，但还是有一个向正常国家迈进的过程。最重要的一个对应坐标是国际社会驻波黑高级代表处的机构发展情况，如果OHR关闭，波黑可能就成为一个正常国家。这是一个核心，是我们考察波黑的一个根本性的话题所在，也是它与其他国家的不同所在。

由于波黑成立的特殊性以及当今国际环境的不稳定性和不确定性，在其想借助加入欧盟途径而不断向正常国家转型的过程中，也注定充满了未知和挑战。因此，在当今的国际背景下，波黑未来加入欧盟的前景如何，未来自身的发展如何，都是值得继续深挖的议题。

三、波黑的前景如何

从正常化的国家建构角度，波黑的路还很漫长。从加入欧盟的角度讲，波黑尽全力加入欧盟，整个西巴尔干成员的国策就是加入欧盟。波黑已经于2016年2月递交入盟申请，目前争取成为候选成员国，而成为候选国的一个最重要的前提是要接受欧盟委员会对入盟答卷的评估。按入盟程序，递交入盟申请以后，欧盟要向申请国发放问卷，叫做入盟答卷。波黑有3242个入盟答卷问题需要答复。从2018年2月开始，即波黑递交申请后的第二年，波黑用两年左右时间完成了入盟答卷，但是入盟答卷非常不满意，又补充入盟答卷。按规定，补充答卷完成期限是三个月，就是2018年的6月下旬下发，当年9月就要完成，但是却推迟到了2019年3月，推迟了半年才完成。这涉及波黑整个国家机构的办事效率，国家需要在入盟过程当中有一个协调机制，但波黑工作效率极其低下。2019年3月完成补充答卷以后，欧盟对所有的入盟答卷要进行评估，到目前还没有给出一个欧盟评估的肯定性意见。如果给出肯定性意见，波黑很快就会成为欧盟的候选国。从2020年开始至今，波黑按照欧盟提出的以国家制度建设、国家法治建设为核心的14个优先领域进行改革，目前几乎没有进展。因此，在入盟前景上，波黑最重要的目标是争取成为候选国。

俄乌冲突2月24日发生当天，欧盟驻波黑的多国稳定部队增派了500人。欧盟驻波黑的多国稳定部队一再延长授权期限，每年延长一年，到现在还没有彻底离开。从大的安全角度，波黑不存在安全问题，但是前提在于整个国际格局没有出现特别大的动荡。如果整个国际格局，包括巴尔干地区，整个欧洲的安全形势、安全秩序出现大变动的情况下，另当别论。在加入北约的问题上，波黑存在分化，波黑塞族奉行的是追随塞尔维亚的政策。波什尼亚克族和克罗地亚族是主张加入欧盟，加入北约，三族的立场不一。三个主席团在涉及国家内政外交的重大问题上，必须全部一致才能通过。从进度上来说，加入欧盟需要递交入盟申请、成为候选国、入盟谈判等一系列的程序，加入北约也是有一套程序。波黑早在 2010 年和北约有条件地签订了"北约成员国行动计划"，类似欧盟候选国地位。此后，波黑在加入北约上没有迈出实质性步伐。过去几年，美国也积极做波黑的工作，敦促波黑塞族奉行和其他两族一样的立场，最重要的就是要进行军事财产登记，而波黑塞族并不配合。所以波黑在加入北约的问题上，很大程度上是和塞尔维亚捆绑在一起。

四、如何研究波黑

波黑是一个非常值得讨论和研究的国家。从学术角度讲，它是非常有意义的一个观察对象。波黑像一个袖珍版的南斯拉夫，或者说是个小南斯拉夫，但是很有意思的是南斯拉夫不存在了，而这样一个袖珍版的"南斯拉夫"波黑却存在了。波黑是一个"人造的国家"，体制很特殊，所以特别值得从历史的角度，从大国关系的角度去考察，具体可以从三个大领域去研究波黑。

第一个是波黑国家性的问题。波黑国家建构的问题是个根本，也就是说波黑到底是一个怎样的国家，它与其他国家有何不同之处。这对于我们处理同波黑的关系，甚至开展中国—中东欧国家合作、中欧关系都非常重要。

第二个是国际体系中的波黑或者大国博弈下的波黑。波黑三大主体民族都有域外的"母国"，塞尔维亚族有塞尔维亚国家，克罗地亚族有克罗地亚国家，波什尼亚克族虽然没有，但背后有以土耳其、沙特为代表的穆斯林国家。所以波黑的三个主体民族构成了它的特殊性，导致其国际外交关系当中的一种特殊性。除了受到大国如美国、俄罗斯以及欧盟的因素以外，波黑还受到主体民族的影响，所以这也是重要的考察点。克罗地亚已经是欧盟成员国，所以欧盟议会当中的一些克罗地亚族议员，会在涉及波黑问题上做一些倾向于克罗地亚族的提案、提议。波族和土耳其的关系值得提及。一方面由于历史的原因，波什尼亚克族的形成与奥斯曼帝国几百年的统治有很大关系。同时，1992 年推动波黑独立公投的是波什尼亚克族的阿利雅·伊泽特贝戈维奇，他最后在土耳其去世。有意思的是，伊斯兰国家的领导人到访波黑的第一件事就是去阿利雅·伊泽特贝戈维奇的墓地悼念，由此可以看出民族构成特殊性的影响。此外，土耳其的埃尔多安进行大选的时候，都会选择去波黑、阿尔巴尼亚、科索沃进行选前演讲，这正是他想通过发挥自身在这些地区影响力的表现。实际上土耳其在这些地区的影响，主要源自历史、传统和宗教上的影响。比如阿尔巴尼亚很多清真建设都由土耳其人进行捐款，包括土耳其人的学校，学校甚至从幼儿园一直到大学都是一个体系，可见影响力非常之大。

第三个是国际社会驻波黑高级代表处的动向。上一任 OHR 高级代表因兹科在卸任之前推动的刑法修改，导致到目前为止《代顿和平协议》签署以来最大的政治危机还没有结束。OHR 的历史演变非常重要，包括整个波黑的国家法官体系的改革、国家选举法的一系列制度的调整和改革都值得关注。

最后，想谈一下如何去研究波黑？特别是区域国别学成为一级学科后研究波黑应涉及哪些研究方法。个人认为，抽象式的、思维性的方法更加重要，尤其现在区域国别学成为一级学科以后，作为抽象意义上的思维方法很重要。以波黑为例，首先历史思维非常重要。对于 2014 年克里米亚危机爆发以及现在俄乌冲突爆发，要从历史的根源看为什么会到达这样一个地步，而不是仅从当前的一种热点的角度去剖析，要回到大历史中去。第二个就是国际观、大格局观，这其实并不是一个具体的方法，而是看待一个国别或者区域的方法。以波黑为例，它是波黑的波黑，是西巴尔干的波黑，是巴尔干的波黑，往大的说是中东欧的波黑，再往大的说可能是欧洲的波黑，也是世界变局中的波黑，所以看待波黑要有层次感、大局观。研究一个区域或者国别来说，要往国家深处去研究，一定要含有大的视野、大的格局观，否则很难理解一个国家所处的历史方位和它现在所处的世界中的地位。第三个方法，是一种人类学的田野方法。区域国别学可以借鉴社会学、人类学等学科的方法。后冷战时代，对于国际政治、国际法、国际治理来说，巴尔干地区都是一个重要的实验场。比如说，"禁飞区"肇始于海湾战争，而真正成熟运用是在波黑战争。从最早的人道主义干涉到保护的责任，也是在南斯拉夫战争，包括科索沃战争中得到广泛讨论。还有很多东西值得挖掘，所以鼓励多"用脚写作"，创造更多机会去对象国感受，用人类学的方式去研究。

（2022 年 4 月 21 日）

镜像捷克

百年捷克

主讲人：姜琍

内容提要：自 1918 年奥匈帝国解体至今，捷克在捷克斯洛伐克国家框架内以及独立国家背景下历经百余年历史。本文回顾了捷克在百余年间国家结构形式、政治经济发展和与斯洛伐克关系的变化，分析了捷克斯洛伐克联邦解体的原因，谈到了捷克民族特性及其国际政治地位。

主讲人简介：姜琍，中国社会科学院俄罗斯东欧中亚研究所研究员，国务院发展研究中心欧亚社会发展研究所研究员。主要从事捷克问题、斯洛伐克问题、中欧地区合作和中东欧国家在欧盟的地位问题研究。主要代表作有《捷克》《斯洛伐克》《民族心理与民族联邦制国家的解体——以捷克斯洛伐克为例》《中东欧国家在欧盟的利益诉求和利益博弈》和《欧洲一体化进程中维谢格拉德集团合作发展及其地位》等。

一、百年间的历史沿革

捷克斯洛伐克共和国成立于 1918 年 10 月 28 日，捷克共和国独立于 1993 年 1 月 1 日。捷克人高度认同捷克斯洛伐克国家，将其视为自己的国家，主要表现为两个方面：一是捷克共和国沿用了捷克斯洛伐克共和国的国庆节，二是捷克共和国继续使用捷克斯洛伐克共和国的国旗。对捷克斯洛伐克国家认同度相对较低的斯洛伐克既没有沿用国庆节，也没有继续使用国旗。

图 1.1 捷克国旗

争妍列国 //////////

捷克历史上的波希米亚王国曾把红、白两色作为国色，白色象征银色的捷克狮子，红色象征勇敢和不畏困难的精神，以及人民为国家的独立解放和繁荣富强而奉献的鲜血与取得的胜利，蓝色原是斯洛伐克的象征，如今是摩拉维亚的象征。旗面呈长方形，长与宽之比为3：2，左侧为蓝色等腰三角形，右侧是两个相等的梯形，上白下红。

（一）国名的变化

从1918年起，捷克存在于不同的国家结构形式中，国名也不断发生变化。1918年至1938年间为"第一捷克斯洛伐克共和国"时期，这是一个实行议会民主制的资产阶级共和国。

1938年《慕尼黑协定》签署后不久，斯洛伐克获得自治，改国名为"捷克—斯洛伐克共和国"，也称"第二捷克斯洛伐克共和国"。对于在国名中所体现的连接号，捷克人和斯洛伐克人有着不同的理解。捷克人认为连接号意味着将原来的中央集权制国家进行了分裂；而斯洛伐克人则认为连接号意味着斯洛伐克人与捷克人处于平等地位，捷克斯洛伐克由捷克和斯洛伐克这两个平等的部分组成。

1939年3月14日，在纳粹德国的压力下，斯洛伐克宣布独立。3月15日，德国军队占领捷克。3月16日，德国占领者宣布成立"捷克和摩拉维亚保护国"。

1945年第二次世界大战结束，捷克斯洛伐克共和国复国。1945—1948年间称为"第三捷克斯洛伐克共和国"，实行人民民主制度。

1948年"二月事件"后捷克斯洛伐克共和国开始实行社会主义制度。1960年7月11日，捷克斯洛伐克国民议会通过新宪法，确立捷克斯洛伐克共产党在国家的领导地位，提出捷克斯洛伐克已经完成了社会主义基础建设，改国名为捷克斯洛伐克社会主义共和国。1968年10月27日，捷克斯洛伐克国民议会通过了关于实行联邦制的宪法法律。从1969年1月1日起，捷克斯洛伐克开始实行联邦制，由捷克共和国和斯洛伐克共和国两部分组成。然而，政体的改变并未体现于该国国名，即"捷克斯洛伐克社会主义共和国"这一国名保持不变。

1990年，捷克斯洛伐克爆发"国名之争"，斯洛伐克人提出国名中使用连接号，以示两个共和国平等，但遭到捷克人的反对，他们没想到"第二捷克斯洛伐克共和国"时期国家趋于分裂。最终，在双方的妥协下，国名变更为"捷克和斯洛伐克联邦共和国"。1992年12月31日，捷克和斯洛伐克联邦共和国解体。1993年1月1日，捷克共和国独立。

（二）人口、面积和民族构成的变化

从捷克斯洛伐克国家到捷克共和国，人口、面积和民族构成均不断发生变化。捷克斯洛伐克于 1921 年进行第一次人口普查，该国当时的面积大约为 14 万平方公里，拥有人口 1360 万，其中捷克族占全国总人数的 38.4%，德意志族占 22.9%，斯洛伐克族占16%。由于捷克族对于德意志族的人口优势并非十分明显，以该国时任总统马萨里克为首的一批捷克政治精英，提出了一个政治构想，即将捷克族与斯洛伐克族融合起来成为统一的捷克斯洛伐克民族，捷克语与斯洛伐克语成为捷克斯洛伐克语的分支。该政治构想服务于捷克人加强国家统一的初衷，一些斯洛伐克人并不认同这个构想，于是在外力的影响下导致了捷克斯洛伐克国家分裂。

第一捷克斯洛伐克共和国由五个部分构成：波希米亚、摩拉维亚、斯洛伐克、外喀尔巴阡罗斯以及西里西亚的一小部分。

1938 年 9 月英法德意四国首脑签署《慕尼黑协定》，迫使捷克斯洛伐克向德国割让了德意志族人居住的苏台德地区。在后来的几个月里，捷克斯洛伐克又满足了波兰和匈牙利的领土要求。这些领土割让导致捷克斯洛伐克国土面积缩小了大约三分之一。

第二次世界大战结束后恢复的捷克斯洛伐克国家，与"第一捷克斯洛伐克共和国"相比，领土面积缩小，因为外喀尔巴阡罗斯划归苏联。在民族构成上则更为同质，通过"贝奈斯总统令"驱逐了境内 270 万德意志族人，并与匈牙利进行人口互换，尽可能减少非斯拉夫民族人口。1961 年，捷克斯洛伐克社会主义共和国面积为 12.79 万平方公里，人口 1374 万，其中捷克地区人口 957 万。

1993 年 1 月 1 日捷克共和国独立之初，面积 7.89 万平方公里，人口 1030 万。根据 2020 年的统计数据，捷克共和国的人口数量为 1070 万，其中捷克族占 64.3%，摩拉维亚族占 5%，斯洛伐克族占 1.4%，没有表明民族属性的人口占 25.3%。在捷克，公民持有的护照上没有民族一栏，可见民族属性对于捷克公民来说并非特别重要。

二、捷克斯洛伐克国情的演变

1918 年第一次世界大战结束后，在奥匈帝国的废墟上建立了捷克斯洛伐克共和国。奥匈帝国是由奥地利和匈牙利组成的二元君主制国家，捷克属于奥地利，斯洛伐克属于匈牙利。奥匈帝国在外交、国防和财政等方面的事务由中央政府统一管理，其他方面的事务可由奥地利和匈牙利自主决策。

虽然奥匈帝国是由两个平等的国家组成的联合政体，但在国际上，它被认为是一个完整的国家。奥匈帝国境内有 12 个民族，是一个多民族国家，没有一个单一民族在人口比重上超过半数。各民族对联合国家的认同度不高，是奥匈帝国解体的重要内因。希望摆脱德意志化的捷克人与面临匈牙利化威胁的斯洛伐克人，利用奥匈帝国在第一次世界大战中战败并走向解体的历史机遇，共同组建了一个被称为捷克斯洛伐克的国家。

在捷克斯洛伐克国家，捷克在人口数量、领土面积、经济发展水平和社会发达程度等方面占优势地位，因此政治上占主导地位。处于弱势地位的斯洛伐克长期争取与捷克的平等地位，在国际格局变动和大国干预下，它与捷克的关系及其捷克斯洛伐克国家的命运多次发生变化。

（一）1918—1939 年捷克斯洛伐克共和国的基本情况

1918 年成立的捷克斯洛伐克共和国继承了奥匈帝国 24% 的人口和 21% 的领土，它实行议会民主制，议会设参众两院，制定并实施了许多比较进步和成熟的法律，1918—1938 年间的"第一捷克斯洛伐克共和国"被称为当时中东欧地区一个"民主的岛屿"，意指在中东欧地区其他国家的民主政体纷纷垮台后，只有捷克斯洛伐克一直延续议会民主制至 1938 年"慕尼黑阴谋"，尽管政府频繁更替 (20 年间共存在了 18 届政府，每届政府的执政时间人约为 14 个月)。

1938 年"慕尼黑阴谋"爆发，该事件不仅对第一捷克斯洛伐克共和国在国际上的地位造成冲击，而且对其国内政治发展造成影响，逐渐由民主体制转变为集权体制。

第一捷克斯洛伐克共和国还继承了奥匈帝国 75% 的工业设施，捷克曾经是奥地利工业发展最好的地区。奥匈帝国时期，由于工业污染严重，奥地利政府决定把众多企业安排在捷克地区而不是维也纳周边，捷克因此打下了良好的工业基础。捷克斯洛伐克是两次世界大战期间世界上最发达的十个国家之一，以机械制造、煤矿开采、玻璃和瓷器生产以及制鞋等工业部门著称。

"第一捷克斯洛伐克共和国"面临内忧外患。内忧是指民族关系复杂,外患是与邻国关系不友好。首先,斯洛伐克族人要求自治。捷克斯洛伐克国家是作为统一的捷克斯洛伐克民族的国家而建立的,但斯洛伐克民族的大多数从未接受马萨里克总统倡导的统一的捷克斯洛伐克民族的观点,要求斯洛伐克民族被理解为一个独立的民族。随着斯洛伐克政治代表要求斯洛伐克自治的声音愈益强烈,对国家的政治稳定造成消极影响。

其次是德意志族人不愿意接受少数民族的身份。在奥匈帝国解体之前,德意志人在奥地利占主导地位。捷克斯洛伐克共和国成立之后,其境内的德意志族人成为少数民族。德意志族人在经历了短暂的极端消极反抗后,开始积极争取民族权益,后转变为极端分裂主义势力。在 20 世纪 30 年代中后期,"苏台德德意志党"发展成为希特勒的"第五纵队"。

接着是与波兰存在领土纠纷。在与波兰交界的杰欣地区,边界的划分不清晰,捷波之间也发生了军事冲突。后来在大国的干预下,捷波两国划分了有争议的地区,捷克斯洛伐克获得较大的一部分,引起波兰的不满。这种不满的情绪甚至还影响到两国在第二次世界大战期间的合作。

然后是匈牙利要求修改凡尔赛体系。在奥匈帝国时期,斯洛伐克归属匈牙利。因此,匈牙利不希望斯洛伐克合并到捷克斯洛伐克,其领土收复主义使捷克斯洛伐克受到威胁。最后是纳粹德国的侵略野心。在 1933 年 1 月纳粹分子在德国接管政权后,捷克斯洛伐克意识到国家面临的危险。在捷克斯洛伐克接收了德国反法西斯移民后,德国对捷克斯洛伐克的敌意增强。在 1937 年,捷克斯洛伐克越来越处于国际孤立状态。西方大国对德国的挑衅行为没有采取相应的措施,至多在口头上表示抗议,实行的是退让和妥协的"绥靖政策"。

1938 年的"慕尼黑阴谋"对捷克斯洛伐克产生了深远影响。1938 年 9 月 29 日至 30 日,在没有捷克斯洛伐克代表列席的情况下,英法德意四国首脑签署了牺牲捷克斯洛伐克利益、将苏台德区割让给纳粹德国的《慕尼黑协定》。当时的苏台德地区拥有人口 375 万,其中 85 万是捷克人。西欧大国之所以决定把苏台德地区赠送给纳粹德国,是为了把战火东引,试图让德国不进入西欧,而是朝苏联方向扩张。

而当时的捷克斯洛伐克政府迫于大国的压力,在限定的 6 个小时之内就接受了这个协定。事实上，在《慕尼黑协定》签署之前，捷克斯洛伐克政府已经感知到了来自纳粹德国的威胁，在国内进行了多次战争动员，也在边境地区建了很多防御工事。至于为什么捷克斯洛伐克没有进行抵抗，而是顺从大国的安排，把诸多领土和人口，拱手让给德国，当时的捷克斯洛伐克总统贝奈斯认为，小国在大国之前根本没有还手之力，况且在国际上没有受到任何一个大国的支持，而纳粹德国处于咄咄逼人的态势。如果他决定进行抵抗，无异于是在以卵击石。

后来许多学者持续研究捷克斯洛伐克放弃抵抗的原因。有一部分人认为，放弃抵抗使得在第二次世界大战期间捷克斯洛伐克首都布拉格的各类建筑均得以保存，几乎没有遭受毁损。而波兰的华沙整个城市几乎都毁于战火，古代的建筑没有得到保存。虽然这并不意味着在这种情况下就要放弃抵抗，可这确实是捷克斯洛伐克领导人在当时做出的政治决定。《慕尼黑协定》给捷克民族带来承重的打击，不仅对西方盟国充满了深刻的不信任，而且很长时间难以从感觉自身虚弱的消沉状态中恢复过来。不战而败的创伤对整个社会及其政治代表带来沉重的负担和巨大的痛苦。一些捷克人还因此产生仇外心理，对外国人，甚至对境内的犹太人表现出仇外的态度。

时至今日，即使捷克已经是欧盟和北约成员国，但不少捷克人依然对大国持怀疑态度，对欧洲一体化进程持怀疑态度，不赞同西欧大国提出的一些一体化项目和做出的政治决定。接受《慕尼黑协定》后，捷克斯洛伐克必须向德国割让苏台德地区。在后来的几个月里，捷克斯洛伐克必须满足波兰的领土要求（在杰欣地区和斯皮什地区）和匈牙利的领土要求（斯洛伐克南部地区和外喀尔巴阡罗斯）。这样，捷克斯洛伐克失去了边境地区的防御工事、重要的煤矿、一些轻工业中心和一些铁路枢纽。在捷克斯洛伐克国家削弱之际，斯洛伐克获得自治。1938 年 10 月 7 日，斯洛伐克自治政府成立。1938 年 11 月，国家的官方名称改为捷克—斯洛伐克。

（二）1939—1945 年捷克斯洛伐克国家的分裂

1939 年 3 月 14 日，在纳粹德国的压力下，斯洛伐克自治议会宣布斯洛伐克独立。尽管在那时的斯洛伐克内部确实存在一部分民族分裂主义势力，一些政党提出要将斯洛伐克从捷克斯洛伐克中分裂出去，但分裂势力并不是主流。多数斯洛伐克政治精英意识到，斯洛伐克力量比较虚弱，没有能力独立。然而，希特勒把斯洛伐克自治政府总理蒂索召到柏林，发出最后通牒，斯洛伐克若拒绝独立，其国土将会遭到纳粹德国、波兰和匈牙利三个国家分割。

在斯洛伐克宣布独立的次日，纳粹德国便占领了捷克，成立了"捷克和摩拉维亚保护国"。"捷克和摩拉维亚保护国"拥有自治地位，有自己的行政管理机构，但任何决定不能威胁到纳粹德国的利益。纳粹德国把"捷克和摩拉维亚保护国"视为安全的后方，为其提供工业产品和军工生产。至今捷克的军工生产在世界上处于领先地位。

在1939年春天开始形成最早的抵抗组织，1940年春天成立了国内抵抗运动的中央领导机构。在"慕尼黑阴谋"后辞去总统职务并前往英国伦敦的贝奈斯也在国外组织了抵抗运动，旨在将捷克斯洛伐克重新恢复为一个统一的国家。贝奈斯在伦敦组建了捷克斯洛伐克流亡政府和捷克斯洛伐克军队，在捷克斯洛伐克军队的人员构成中，既有捷克人，也有斯洛伐克人。捷克斯洛伐克空军在二战中非常有名。

1945年5月初，捷克斯洛伐克在苏联红军和美军的帮助下获得解放。如今一些捷克右翼政治精英和历史学者认为，由于苏联和欧美大国达成的协议，延迟了美军从捷克斯洛伐克西部向东挺进，从而造成布拉格起义者伤亡较大。

（三）1945—1989年捷克斯洛伐克国家的发展变化

在1945年至1948年"第三捷克斯洛伐克共和国"时期，时任捷克斯洛伐克共和国总统贝奈斯将捷克斯洛伐克设想为东西方之间的桥梁——在坚持倾向于西方大国传统的同时，与苏联建立联盟关系。随着苏联在世界上特别是中欧地区影响力的增强，捷克斯洛伐克在外交上愈益倾向于苏联。政治制度是人民民主制度，其基础为民族阵线政府，由二战时参与抵抗运动的一些政党组成，本质上是多党联合政府，捷克斯洛伐克共产党在联合政府中没有绝对的领导地位。从1947年秋季起，人民民主制度陷入危机，捷克斯洛伐克共产党与民族阵线内其他政党之间的关系趋于紧张。1948年，捷克斯洛伐克发生"二月事件"，捷克斯洛伐克共产党开始全面执政，该国的内政外交随之发生根本性变化。

在政治上，捷克斯洛伐克共产党逐步巩固了领导地位。1948年5月，捷克斯洛伐克国民议会通过了新的宪法——《五·九宪法》，为进一步建设社会主义社会奠定了法律基础。6月，社会民主党与共产党进行了合并。9月，斯洛伐克共产党与捷克斯洛伐克共产党也合并为一个政党。

在经济上，从1949年1月1日起开始执行第一个五年经济计划，已完成五个根本目标：实行国家调控的计划体制、将中小企业进行国有化、发展冶金工业特别是重型机械工业、斯洛伐克地区工业化和农业合作化。

在外交上，捷克斯洛伐克成为苏联的一个卫星国。在 1949 年 1 月，它加入经济互助委员会。1955 年 5 月，它加入华沙条约。经互会与华约均以苏联为首、由社会主义国家组成。经互会是由苏联、保加利亚、匈牙利、波兰、罗马尼亚和捷克斯洛伐克 6 个国家成立的政治经济合作组织，华约是由苏联、民主德国、波兰、捷克斯洛伐克、匈牙利、罗马尼亚、保加利亚和阿尔巴尼亚组成的政治军事同盟。加入经互会和华约后，捷克斯洛伐克与苏联以及其他社会主义国家在政治、经济和军事方面的联系不断加强。其对外贸易伙伴不再是西方发达国家，而是苏联和其他社会主义国家。

1949 年 10 月 6 日，捷克斯洛伐克与新中国建交，它是世界上第五个承认并与新中国建交的国家。因新中国在成立之初国力比较虚弱，而捷克斯洛伐克的工业基础比较雄厚，科技比较发达，捷克斯洛伐克给予了新中国大量的经济和技术援助。1952 年 5 月，中捷签署科技合作协定，这是新中国对外签订的第一个政府间科技合作协定。捷克斯洛伐克向中国派遣了技术专家、为中国培养了众多的工程师，并向中国赠送了 670 套农用机械设备，获得周恩来总理的亲自指示：在河北沧州建立中捷友谊农场。在捷克斯洛伐克工程师的帮助下，中捷友谊厂生产了中国第一台卧式铣镗床、第一台摇臂钻床，为中国的工业化进程做出贡献。在文化和教育领域，中捷两国合作不断深化。1952 年 5 月，中捷签署第一个文化合作协定。从 1953 年开始两国通过政府间协议交换留学生，当时有很多的中国学生赴捷克斯洛伐克留学。捷克斯洛伐克的查理大学、马萨里克大学和布拉格理工大学等知名学府为中国培养了很多杰出人才，他们学成回国后对中国的建设做出了诸多贡献。1968 年春，捷克斯洛伐克发生"布拉格之春"事件，这是一场包括政治、经济和民族关系等领域的社会主义改革运动。

虽然捷克斯洛伐克在第二次世界大战之后得以复国，但斯洛伐克人希望和捷克人拥有平等权利和地位的政治目标一直没有达到，随着中央集权的不断加强，斯洛伐克人的自治地位日益下降，导致斯洛伐克人的不满情绪加强。

1968 年 1 月斯洛伐克人杜布切克就任捷共第一书记后不久，捷共中央委员会通过了"行动纲领"，努力保持捷共仕社会生活中领导地位的同时，最大限度进行政治体制的民主化变革，其中包括国家要实行联邦制。"布拉格之春"改革运动遭到了以苏联为首的其他东欧社会主义国家的反对。8 月 21 日，苏联、民主德国、波兰、匈牙利和保加利亚五国的军队占领捷克斯洛伐克，"布拉格之春"就此终止。8月23—26日，捷共与苏共领导人在莫斯科举行谈判，并签订了《莫斯科备忘录》，从而使苏联军事占领捷克斯洛伐克合法化。苏军直到1991年才撤离捷克斯洛伐克。

"布拉格之春"唯一保留下来的改革项目为实行联邦制，从1969年1月1日起，捷克斯洛伐克成为两个平等民族——捷克和斯洛伐克的联邦制国家。但这并不是真正意义上的联邦制，因此其被称为"伪联邦制"。具体而言，斯洛伐克共和国有自己的政府和议会，并且能对一些政策做出相对自主的决定，而在捷克共和国却没有与之相对应的政府和议会。随着中央集权的不断加强，即使在该国实行联邦制后，斯洛伐克人想要取得民族平等地位的愿望依然没有实现。

"布拉格之春"改革运动终止后，捷克斯洛伐克的社会回归到改革之前的状态，所以在1968年至1989年这一时期，又被称为"正常化时期"，即回归社会主义发展道路时期。从20世纪70年代下半期起，捷克斯洛伐克经济出现不景气现象，与西方发达国家的差距拉大，对苏联的依赖性增强。

（四）从1989年"天鹅绒革命"至1992年末联邦国家解体国情的变化

1989年11月，捷克斯洛伐克爆发"天鹅绒革命"，取消了1960年宪法中关于共产党在国家和社会中领导地位的条款。捷克斯洛伐克开始向议会民主制和市场经济转型，由社会主义制度转为资本主义制度。哈维尔是捷克反对派运动"公民论坛"的领导人，他出身于一个资本主义大家庭，在社会主义时期发表反共言论，被政府作为政治犯长期监押。在12月10日组建的"民族谅解政府"中，共产党人已占少数。12月28日，杜布切克被选为联邦议会议长。次日，哈韦尔被选为总统。在六周时间内快速且顺利地完成了权力更迭。在1989年政局剧变后，捷克斯洛伐克开启了政治、经济和外交多重转型进程。在政治领域，从苏联式一党制向由西方式多党议会民主制转型；在经济领域，从中央计划经济体制向市场经济体制转型；在外交领域，逐渐摆脱苏联的控制和影响，踏上"回归欧洲"的道路。

随着外部压力和国内中央控制的减弱，在社会主义时期被暂时压制的民族关系问题再次浮出水面。在1990年6月，举行了政局剧变后第一次自由选举，随后在捷克共和国、斯洛伐克共和国以及联邦层面产生了新的议会和政府。捷克与斯洛伐克政治精英开始就联邦制度的具体安排问题多次进行磋商，但难以达成一致，影响了新宪法的制定、国家机构的运作和全面转型进程。1992 年 6 月举行了第二次议会大选，克劳斯领导的中右翼政党公民民主党和梅恰尔领导的中右翼政党"公众反对暴力运动"分别在捷克和斯洛伐克获胜。随后两党领导人就联邦政府的组成、联邦机构领导人的更替、经济转型和斯洛伐克在联邦内的地位问题进行谈判，但双方的优先目标相差甚远。经过数轮谈判，双方仍难以弥合分歧，最后放弃了保留共同国家的努力，快速达成联邦解体的协议。一些捷克和斯洛伐克的政治精英反对在未经全民公投的情况下由两个政党领导人做出关于联邦解体的决定。但从当年 7 月开始，捷克斯洛伐克国家机构几乎陷入瘫痪状态。在总统选举中，来自捷克的议员选举哈韦尔为总统，而斯洛伐克人则背道而驰。由于斯洛伐克议员在三次选举中都拒绝支持哈韦尔继任总统，哈韦尔于是提出辞职。加之新的联邦政府也无法组建，起初最抵制联邦解体的民众也不得不面对现实。11 月 25 日，联邦议会以微弱多数通过《捷克和斯洛伐克联邦解体法》，从而为两个独立共和国的平稳诞生创造了条件。1992 年 12 月 31 日，捷克和斯洛伐克联邦共和国结束了它的存在，捷克共和国和斯洛伐克共和国成为它的法定继承国。

与苏联和南斯拉夫联邦解体不同的是，捷克斯洛伐克联邦解体没有出现流血冲突或紧张局势，称为"天鹅绒离婚"，成为欧洲多民族联邦制国家和平解体的典范。捷克和斯洛伐克双方在联邦解体前就联邦解体后相互关系达成了 70 多项协议，其中包括共同货币联盟和关税同盟，还有如何在最大程度上降低对生活在捷克和斯洛伐克边境处居民的影响。在联邦解体之后，捷斯两国虽然也产生了一些矛盾，但随着两国在 20 世纪 90 年代末出现政府更替，相互关系得到极大改善，逐渐发展成超水平的关系。如今，无论是捷克人还是斯洛伐克人，都将对方视为最值得信任的民族。

（五）捷克斯洛伐克联邦解体的根源

第一是历史原因。在 1918—1992 年捷克民族与斯洛伐克民族共处国期间斯洛伐克人一直没有争取到与捷克人的平等权利和地位，1969—1992 年的联邦制安排也没有满足斯洛伐克人的愿望。

第二是民族心理原因。从 19 世纪初民族复兴运动开始，捷克民族与斯洛伐克民族之间的关系经历了曲折的发展，相互之间产生了成见，一些较为固定的认知难以改变。

第三是国家认同问题。虽然捷克人高度认同捷克斯洛伐克国家，他们把捷克斯洛伐克看作历史上捷克王国的扩大版，但斯洛伐克人认为捷克斯洛伐克只是捷克人的国家，他们对与捷克人的共同国家认同度低。

第四是现实因素。在1989年政局剧变后开启了政治、经济和外交转型进程，以实现"回归欧洲"的梦想。转型进程的多重性、同时性和复杂性，对捷克人与斯洛伐克人之间关系的恶化产生了不可低估的影响，两个民族之间的矛盾无法调和，愈益疏离。

第五是国际环境的影响。20世纪90年代初，在国际上掀起了民族分离主义运动，多民族联邦制国家纷纷解体。捷克斯洛伐克联邦是继南斯拉夫联邦和苏联解体之后的第三个解体的原社会主义联邦制国家。另外，欧洲共同体开始推进一体化进程并准备向原先的社会主义国家扩大。捷克和斯洛伐克的政治精英均认为，一旦联邦国家解体，捷克和斯洛伐克作为独立国家依然可以在欧共体生存下去，不会因国内市场的缩小和国力的减弱而面临生存困境。欧洲一体化进程也导致促使捷克人和斯洛伐克人维系共同国家的外部安全威胁不复存在。

第六是政治精英的作用。在没有通过全民公决的情况下，捷克和斯洛伐克两个获胜党的领导人就联邦国家解体达成一致。而且为了使联邦解体对转型进程产生的影响最小化，他们努力使解体进程快速完成。

三、捷克共和国独立后的国情

（一）概览

捷克共和国（以下简称捷克）是内陆国家，位于欧洲大陆中心偏东位置，水域面积约占2%。捷克的边境线相对较长，总长为2290公里，大部分由山脉和河流等天然屏障构成。南北距离278公里，东西距离493公里。东靠斯洛伐克，南邻奥地利，西接德国，北毗波兰。捷克从西到东分为三大地形区：捷克高地、摩拉维亚低地和西喀尔巴阡山脉。捷克由捷克地区（也称波希米亚）、摩拉维亚地区和西里西亚地区三个部分组成。

捷克有14个自治州，其中首都布拉格是自治市，中捷克州的州府也设立在布拉格。捷克是世界上信仰宗教人口最少的国家之一，是欧洲信仰宗教人数比例最低的国家。

捷克境内有14处人文景观和自然景观被列入联合国教科文组织遴选的世界文化遗产名录。其中最著名的是布拉格历史中心部分。布拉格城堡是世界上最大的城堡群之一。

（二）政治制度

捷克是议会民主制国家，政治制度建立在政党和政治运动自由竞争的基础之上。遵循三权分立即司法权、行政权和立法权相对独立原则。议会是最高立法机构，设有参议院和众议院。通常每四年举行一次议会众议院选举，每两年举行一次议会参议院 1/3 议员换届选举。总统和政府拥有行政权，但政府是最高行政机关，总统是国家元首和武装力量的最高统帅。

自 1993 年独立以来，捷克已产生了 16 届政府。现政府成立于 2021 年 12 月，是由五个政党组成的两个竞选联盟共同组建的联合政府。捷克先后产生了三位总统，都获得连任，他们是哈韦尔、克劳斯和泽曼，泽曼总统于 2023 年 3 月任期届满。

（三）经济发展

捷克是以出口为导向的发达市场经济国家，是中东欧地区最稳定和最繁荣的经济体。捷克经济基本特点有四：第一，农业在国民经济中的重要性很低。2020 年农业占国内生产总值的比例为 2%，不到 5% 的劳动人口从事农业生产。第二，工业依然是捷克经济增长的引擎之一。2020 年工业占国内生产总值的比重为 30%，从事工业生产的人口占全国劳动人口的 38%，这一比重在欧盟名列第一位。主要工业部门包括化学、机械、食品和冶金等。第三，对外贸易对经济发展发挥关键作用。出口是捷克经济增长的主要拉动力，消费和投资也依赖出口。2020 年商品和服务出口占国内生产总值的比重达到 78%。出口结构以机械产品为主，汽车生产对于出口最为重要。捷克产品主要出口到欧盟国家，如德国、斯洛伐克、波兰和法国等。德国是捷克最大的贸易伙伴，捷克已稳固融入以德国为主导的中欧供应链。第四，失业率一直很低。2019 年捷克失业率为 2%，2020 年为 2.6%，2022 年 4 月为 2.4%，长期为欧盟最低水平。第五，与西欧发达国家的经济差距不断缩小。按购买力平价计算人均国内生产总值，2010-2020 年，捷克从欧盟平均水平的 84% 提高到 93%，在中东欧国家中名列第一。

捷克的斯柯达汽车、比尔森啤酒、水晶制品世界闻名。在现代科技方面，杀毒软件 avast 为世界上 240 个国家的 1.8 亿用户提供服务，布尔诺 TESCAN 公司成为研发和制造扫描电子显微镜的全世界领先企业，布拉格成为最现代质子治疗癌症中心，捷克生产出了世界上最受欢迎的 3D 打印的设备，并制造出世界首台聚合物纳米纤维批量生产机械。

（四）国际地位

1995 年捷克在中东欧国家中率先加入经济合作与发展组织，1999 年加入北约，2004 年加入欧盟，2007 年加入申根协定。至今没有确定加入欧元区的日期。捷克是中欧次区域合作组织维谢格拉德集团的成员。在 2009 年上半年，捷克首次担任欧盟轮值主席国。2022 年下半年，捷克第二次担任欧盟轮值主席国。

（2021 年 4 月 27 日）

打开地道捷克人的"知识宝库"

主讲人：霍玉珍

内容提要： 本讲座围绕传承与创新两个维度，从解密传承、发明情怀、创造镜像三个视角，以多个生动有趣的故事串起捷克民族的独到之处和魅力所在。既有歪打正着、绝无仅有的创造，也有历史延续和文化传承；既有贴心、惠民的发明，还有精准细致、有助健康、安全的创新；既有超越极限、需要勇气的攀登进取，更有看似简单但需锲而不舍精神的智力开发，打开了一扇扇了解捷克之窗。

主讲人简介： 霍玉珍，外交部前中国—中东欧国家合作事务特别代表，浙江金融职业学院捷克研究中心首席专家。曾任中华人民共和国驻捷克共和国大使馆参赞、中华人民共和国外交部欧亚司副司长、欧洲司副司长，中华人民共和国驻捷克共和国特命全权大使，中华人民共和国驻罗马尼亚特命全权大使等职。

很高兴有机会与大家分享或许一个地道的捷克人都可能不完全了解的捷克点滴趣事，其涉及捷克的民族性格、名人轶事、发明创造，甚至是捷克的禁忌等，希望接下来的系列故事能为同学们呈现一个立体、丰富、多彩、不一样的捷克，展示捷克民族的独到之处和魅力所在。

一、解密传承

（一）捷克国名的准确说法

捷克国名全称为"Česká republika"英文全称为"the Czech Republic"，但是缩写怎么拼写？需要强调的是，一个国名通常是不允许出错的，然而捷克国名却极易出错。如果将捷克国名的英文"the Czech Republic"缩写成"Czech"，不仅会引起捷克人的反感，而且还会暴露使用者知识浅薄，因为"Czech"也译作捷克人，而不是捷克国名。为了与世界各国保持一致，当下捷克国名的英文缩写版需加词尾"ia"，正确的写法为"Czechia"。关于此国名缩写，捷克议会已专门通过相关法规，明确捷克国名为：捷克语全称"Česká republika"，缩写为"Česko"。英文缩写为"Czechia"。中文译文全称："捷克共和国"，缩写为："捷克"。鉴于捷克国名缩写与捷克人的书写按此前惯例容易混淆，我们需在出台正式文件或国际交流等实践活动中多加注意，以免引起外事纠纷。

（二）捷克民航公司缩写"OK"的由来

凡是到访捷克者，大多都会乘坐捷克"OK"民航飞机，如同我们搭乘中国国航 CA（Air China）飞机一样，具有国家代表性，缩写与英文的中国拼写有关。但是"OK"却听起来似乎与捷克没有半毛关系，那"OK"又有怎样的来历呢？

全球各个国家通常会以国家缩写来命名或标记该国开通的国内外航线。显然，捷克也有自己的代表性缩写，官方对外经常使用 CZ。那怎么会有"OK"呢？据说当年国际航联召集全球各个国家聚在一起确定每个国家的民航缩写。然而，捷克代表团却迟到了，当该团向国际航联申请以 CS（捷克当时还是捷克斯洛伐克，英文为 Czechoslovakia）缩写来代表该国民航时，CS 已经被西班牙抢先一步占用了。当时，捷克代表团中的一位年轻人灵机一动，建议用团长姓名（Otakar. Kadula）的缩写"OK"来作为本国民航的缩写，结果该缩写既独到新颖，也与任何国家的民航缩写不会出现重复，可谓歪打正着，于是捷克就启用了"OK"作为国家民航缩写。随着时代的变迁，缩写 CS 并非一直是西班牙民航的标记，后来亦曾被葡萄牙占用。

"OK"这一临时起意创造出来的缩写有其偶然性和独特性，当时并未像今天这样被广泛应用。现在地球人都知道"OK"是什么意思，如同中国常用语"成了""妥了""好了""对了""搞定了"，对此捷克人引以为傲。不少国家都愿以高价购买捷克民航标记"OK"，但是捷克议会已对外公布绝对不会售卖，因为这是世界绝无仅有的，出处突然、特别，将来也会带来更多益处，可谓"金不换"。

（三）"饥饿之墙"的来历

中世纪查理四世统治时期，捷克地区发生了饥荒，灾情十分严重。当时，德国人很富有，查理四世有意让德国给捷克人提供粮食援助，解决吃饭问题，但他作为罗马帝国皇帝，做出任何决定均要有合理说法，即事出有因。于是，查理四世便想出了一个主意：修筑一道墙。通过让捷克人修墙，一方面可使捷克百姓在劳作过程中产生热量，阻断严寒，以免在冬天被冻死，另一方面以筑墙可抵御外来入侵、保护贵族及城堡安全为由要求德国援助捷克抗击饥荒。"饥饿之墙"由此而来。

查理四世睿智聪明，既想帮助捷克人解困，又不能授人以柄。其实查理大帝对捷克的感情是融化在血液里的，其母是捷克人，他曾长期生活在捷克。时至今日，捷克人日常生活中还经常用"饥饿之墙"来形容一种好点子、好办法，即所采取的办法是不是一种伎俩，或者是不是用了"饥饿之墙"的办法，已经变成了一种隐语。比如有人说"小心啊，那可是道饥饿之墙"，即意味着所提的主意和办法存在阴谋嫌疑。"饥饿之墙"体现了一种用智慧、技巧解决问题的艺术和策略，达到两全其美的目的。

（四）探究修建查理桥时是否掺鸡蛋

布拉格查理桥始建于 1357 年，历经数百年风雨洗礼仍十分坚固，着实值得探究其奥秘。传说大桥是掺了鸡蛋才建成的。但实际上，经过捷克史学家的考证，查理桥的桥墩和桥面并没有掺鸡蛋。化验结果证明，如果掺了鸡蛋，不仅会降低桥的坚固度，还会招引虫蚁腐蚀溃损。另一种说法是泥浆中加了煮熟的咸鸡蛋，这似乎更含有演绎成分了。这些传说一定程度上表明，捷克人爱国、信任皇帝、喜欢标新立异。即便当时查理四世作出"加鸡蛋"的指令，捷克人也不会违抗命令，而是尽力而为。另外，从查理桥的建筑材料成分化验中确实发现了牛奶、奶酪和葡萄酒，而不是捷克人喜欢喝的啤酒。从这一角度看，往往传播久远且成为人所共知的故事也并非真实。当然，史学家和科学家迄今仍在继续就查理桥的"鸡蛋成分"在探究。

（五）问候语"Ahoj"的起源

捷克人在相互打招呼时通常用"Ahoj"一词，表示你好或再见两层意思，是一个特别容易学会的问候语。那"Ahoj"一词到底是怎么来的呢？

"Ahoj"一词具有一定的国际色彩，实际上这一词与英文相近，类似英文"hi"的问候语。"Ahoj"最初并不是在普通人之间问候使用，而是在水上工作者之间普遍使用，这也体现了陆地与水上之间人们打招呼的区别。鉴于水上划船的时候掀起的水声很大，彼此之间很难听到，通常他们会用手势或者船转圈来示意问好。这就跟"Ahoj"差不多，不管声音听到与否，都会感受到水上人之间的问候。特别是船与船之间，过去并不是用鸣笛方式，而是以这种看得见的方式进行问候。起初"Ahoj"问候语还带有某种贬义，喻义不够灵活聪明，故陆地上的人们排斥使用。

然而，捷克民族善于拿来主义，更习惯修正自己。他们自问，为何陆地上的人们不能用这种问候语，于是就将水上问候方式及问候语照搬到陆地上来使用。捷克人创造性地把问候语"Ahoj"从水上场景运用到两栖场景，即陆地和水上场景通用。随着"Ahoj"的延伸使用，其词性也慢慢发生了改变，不仅在水上和陆地均可使用，且之前的些许贬义也趋于中性和正常。实践中人们更感觉到，"Ahoj"一词既简练易懂，又可在见面和离开时一词二用，省时省力，实属捷克人的独到创造发明。

（六）问候语"Nazdar"的由来

捷克"民族剧院"虽不及捷克"国家剧院"（德国人建造）那般富丽堂皇，但却被视为捷克人自己的剧院。1881年前，捷克人为了建造属于自己的民族剧院，自发组织了募捐活动，在捐助箱上写着"Nazdar"，意为"捐一点"的字样，"Nazdar"这样的捐助箱，全国各地随处可见。当时的募捐活动，广泛深入，形式多样，为尽微薄之力，很多捷克人便把金牙、耳环、手链、手表等也都捐出来。捐赠活动持续多年，直至捷克民族剧院建成后，捷克人仍习惯用"Nazdar"一词相互打招呼，实际是激励彼此"捐一点吧"。言下之意，作为一个真正的捷克人，您是应该尽义务捐赠的，因为捷克"民族剧院"是每个捷克人自己的剧院。在捷克，通常在孩子上小学之前，父母都会带孩子去布拉格的民族剧院亲身体验一下，享受捷克人自己剧院的那种特有的自豪感，而且一生中也会多次光顾"民族剧院"，然而一生却并不一定去一次"国家剧院"。时至今日，年老的长者遇到同辈的熟人也还会继续亲切地用"Nazdar"来相互问候，对他们来说这样的问候语既有叙旧，也有期待，因为"Nazdar"一词，也有"您尽力了吗"之意。

（七）CK小城花园剧场

捷克·克鲁姆洛夫（CK）小城既是自然遗产，也是文化遗产，是捷克唯一列入世界"双遗产"名录的文化旅游圣地。其中，令人印象颇深的是位于小城花园里的露天剧场。在剧场演出时，所有演员分散在花园不同的地方，可能在某一棵树后或一池塘前或在花丛中，单独或同时表演，而观众则是坐在可以旋转的舞台上欣赏。最初，舞台旋转需要靠人工来助推，犹如推磨一般，观众的视野随着舞台被推动的角度不同而产生变化。演员会在花园里跑全场或是跑半场，呈现各种各样的表演动作，令人目不暇接，而观众就如同在旋转餐厅里体会所有演员的舞台表现，并亲密接触大自然、接地气。由于过去只能依靠人工来推动舞台旋转的年代，舞台上只能坐62人，欲亲眼目睹和体验旋转舞台的观众多到排队几年方能如愿以偿。随着科技进步和时代发展，电动装置取代人工驱动使舞台自动旋转，舞台承载量也大大提高，现可容纳650名观众。当年在捷克发明的这种舞台呈现形式，让世人耳目一新。这是捷克人我行我素、善于发明创造的又一缩影。

（八）凝聚爱心的献血精神

在捷克，有各种各样表达爱心的方式，其中的献血精神值得世人学习借鉴。捷克人通常认为，健康的人应该伸出援手帮助病人，在病人最需要的时候为其注入一滴血。因此在捷克，义务献血不需要做特别宣介，血库通常亦不会缺血，而且血的价格相当便宜。相比较而言，因东西方文化、习俗不同，中国人献血积极性欠高，血库的血也经常供不应求。在中国，尽管是某种程度的有偿献血，但主动献血者仍有待增多，进行经常性的各类宣介必不可少。

献血精神是捷克人在言传身教、世代传承中逐步形成的。捷克人拥有这样的共识，如果你要表达爱心，首先从献血开始。按照捷克相关法律规定，捷克人可自愿参与终生无偿献血，即从18岁至66岁，每年不超过四次。人的血液新陈代谢非常快，如果一个人习惯每一季度都去献一次血，那么就会习惯成自然，否则身体会感觉不舒服。中国驻捷克使馆曾有一位捷克籍司机，每季度都要去献血，迄今已整整坚持了48年。他认为，献血可以降低心血管疾病的发病率，因为献血大大激活了人的造血功能及其潜力，血管也不易堵塞。每次献血后，他只获得一枚印有一滴血图案的纪念章。它凝聚了人性的高尚、爱心的可贵和无私奉献精神。

二、发明情怀

（一）Baťa 先生的多维发明

捷克人托马斯·拔佳（Tomáš Baťa）创办了世界闻名的鞋业品牌 Baťa。Baťa 的中文译文为拔佳，读音类似"拔尖儿"，中文音译很贴切、很棒。Baťa 作为制鞋业的行家里手,已被写入吉尼斯大全,被称为"有史以来最大的鞋履经销商和制造商",因为据称,该公司已在全球销售了超过 140 亿双鞋。现在全球是 70 多亿人口,可以想象该制鞋品牌在多年前已达到的市场规模。

托马斯·拔佳一生成就卓著,拥有诸多闪光点,其中最具特色的是善于发明创造。捷克民族骨子里就有一股创新精神,而拔佳先生即是他们中的杰出代表。比如上个世纪早期盖厂房,大多是单层且宽大的平房,但缺点是浪费,占地面积大。拔佳遂发明了建高楼厂房,并率先使用透明电梯工作室,在日常办公中即可随时察看工人们的工作情况及其喜怒哀乐。

Baťa 之所以成为全球著名的生产商和销售商,其成功的秘诀在于注重创新。从生产层面,Baťa 坚持技术革新,早在 20 世纪四五十年代鞋的加工工艺即可达到将一张熟皮切割成三层的水平,既大大降低了成本,也将原材料利用到极致,并将纳米科技与天然原料有机融合,提升了原料的柔性、韧度、光泽、透气和舒适度。在文化传承和企业文化层面,Baťa 亦敢为人先,他开办了皮鞋博物馆,其中最引人注目的陈列品是一双用羽毛制成的女鞋。这是托马斯·拔佳为其夫人制做的生日礼物,更展现了其善于发明创造的特质。从市场扩展和营销层面,拔佳抓住顾客的消费心理,发明了卖零不卖整,即:1.99 元、9.99 元等市场定价方式,在销售业中取得了巨大成功,并被全球商家效仿至今。在应对危机和处理与工人关系层面,拔佳同样展现了自身的非凡之处。早在二战期间,欧洲等市场萧条,工厂大多停产,为使工人有条活路,工厂正常运转,拔佳发挥个人创造性思维优势,适应战争需要,生产军鞋。战时他虽将工人工资减半,但确保工人吃、穿、用无忧,激发了工人的劳动热情,实现了产销对路,效益不减,不仅发了战争财,而且得到了工人的认可。1989 年苏联、东欧剧变后,Baťa 将家族企业总部迁回家乡捷克兹林市(Zlín)。目前,Baťa 在全球拥有逾 6 万个销售点,约 16 万名员工。

(二)隐形眼镜的发明

正常的镜框眼镜与隐形眼镜在强化视力方面差别不大,但对那些在意外表的人们而言,隐形眼镜无疑效果更佳。那么捷克人究竟是如何发明隐形眼镜的呢?隐形眼镜通常直接放在眼球上。第一个由硬质玻璃制成的隐形眼镜于 1887 年问世。然而,正如大家所熟知的,当今的隐形眼镜镜片是由软塑料—聚合物制成的。而成功找到这种合适的材料竟然是在一个偶然的情况下实现的。1955 年,Otto Wichterle 教授和他的助手

Drahoslav Lím 在布拉格从事聚合物研究。一天 Lím 助理因为着急赶火车回家而没有做完实验。次日早上，他发现自己前日未来得及扔掉的物质一夜之间变成了柔软透明的物质。这就是第一种隐形眼镜材料的诞生过程，惊喜伴随成功而来。上世纪 60 年代，二人推出了离心铸造生产镜片技术。两位发明者是从 Merkur 儿童积木模型中找到灵感发明了生产隐形眼镜镜片的第一台仪器。

看似偶然的发明其实与捷克人在医学方面的高超水平密切相关。捷克是世界上较早从事人体器官移植的国家，不论是肝、肾、肺、脾等器官，还是心脏移植手术均颇有成就。在眼疾治疗与保护眼睛方面，技术水平及重视程度均属一流。如果说要去捷克配一副隐形眼镜的话，不仅价格适中，重要的是质量有保证。因为隐形眼镜虽好，但并非适合所有人，如果配制不合适，会对眼睛有损伤。但这种发明，着实给许多人带来了便利和福音。

（三）"隐形飞机杀手"——被动式雷达

一般来说，主动式雷达通过发射雷达波发现航空器，以保障飞机飞行安全，但隐形飞机只有被动式跟踪雷达才能被捕捉到飞行信息。被动式雷达系统是捷克人的又一项发明。该系统经过多年升级改造，现已更加成熟完善，并已成为北约的重要军事装备。其虽主要用于军事目的，但亦可民用，系军民两用的高端设备。被动式雷达发射的光波通常为扇形，如果将其部署在海岸线上，它将有效覆盖海面，对于海上低空飞行约 50 米高度的飞机，均能灵敏发现，是确保国家安全的利器。

（四）接地气的镶牙技艺

在捷克，人们格外在意牙齿，它不仅涉及颜值美观，更关乎身体健康。当你去找牙医镶牙，护士会拿出众多各式假牙供你选择。通常经过反复比对、甄选，尤其要根据患者真牙的年龄、形状、颜色、大小选择最合适的义齿镶上去，以便能以假乱真，达到既美观，又实用，更有助健康。这种镶牙技艺在捷克已十分普遍、成熟，加之捷克牙医精湛的治牙技艺及其体贴、周到、细致的服务，特别是看到比自己原装牙齿更悦目的义齿，你会对生活充满信心，对未来充满期待。

三、创造镜像

（一）水晶灯——"不落的太阳"

捷克水晶灯被称为"不落的太阳"，是捷克玻璃制造的顶级艺术。那么普通玻璃和水晶玻璃区别何在？简言之，当铅被添加到玻璃中，它就变成了水晶。然而，这取决于您投入了多少铅，而真正的捷克人应该都知道它的比例。根据欧洲标准，玻璃必须至少含有10%的铅才能被称之为水晶，而在美国，1%就足够了。随着科技发展和技术进步，捷克水晶玻璃的铅含量已达到33%。此种技术不仅超越了极限，还能做到对人体无害，且水晶灯的光泽度也更强。

（二）是谁率先制作了第一把小提琴？

捷克享有音乐之乡的美誉，"每个捷克人都是乐师"，这是捷克人的自定义，其爱好音乐的程度不言而喻。而音乐又与乐器密不可分，这里与大家分享一下乐器之———捷克制作的小提琴。如果说是意大利人率先发明了小提琴，那捷克人肯定不服气、不认可。他们坚持认为世界上的第一把小提琴系由捷克人发明制作的。在捷克，可供制作乐器的木料繁多，其树种、材质、颜色、尺寸各异。在乐器制作过程中，特别是小提琴制作者，一定要亲自去森林里寻找最适合制作小提琴的木材。这充分保障了捷克生产的小提琴的质量和品质。尽管小提琴大多与意大利这一浪漫国度联系在一起，但在捷克，小提琴的生产制造亦有历史传统。小提琴虽在弦乐器家族中最小，但其优雅、美妙的音色却是中提琴和大提琴所无法比拟的，因此世界上的著名作曲家通常都会有小提琴曲目流传于世。遗憾的是，截至今日，人们仍无法确认第一把小提琴问世的准确时间，及其由哪国首先制造出来，那就把难题留给科学家，让他们继续努力探究吧。

（三）避雷针的发明

大家可能不相信，避雷针最早是捷克人发明的。自这项新发明问世以来，不仅拯救了无数人的生命，也使众多财产免受损失，其功不可没。但是有一年，捷克地区突然遭受严重干旱，半年无雨，致使粮食大幅减产。于是百姓就责怪避雷针发明人，甚至对其围攻、打骂、恐吓，并坚称是因为其发明和使用了避雷针才导致干旱。发明者受到人身安全威胁后，不得不从捷克地区逃到西里西亚地区避难。碰巧当时正赶上西里西亚下雨，雷电多，雨量大，避雷针在西里西亚地区发挥了巨大作用。而且没过多久，捷克地区也从干旱转成洪涝，雨大雷多，人们就纷纷跪在地上请求发明者把避雷针带回捷克地区 …… 可见，避雷针的问世同样经历了雷电和生死的考验，才最终向全球推广。现在市面上的避雷针更是各式各样、品种齐全，价格适中，方便实用。

（四）方糖的由来

在当下，咖啡里加方糖，口感既好又方便，并且是每个咖啡爱好者最惯常的做法。那么方糖又是谁发明的呢？答案还是捷克人。我们知道，无论是捷克还是欧洲基本都不种植甘蔗，然而，甜菜种植却是大多数欧洲国家的首选，甜菜产量高，经济效益好。因此，欧洲生产的红糖、冰糖、面儿糖、砂糖、方糖等各种糖几乎全部由甜菜制成。据说，捷克曾经有位名叫雅库布·克里斯托夫·拉德（Jakub Krystof Rad）的工程师，其与家兄一起开办了一家糖厂。此前，糖都是大包装，几十斤一袋，很容易结块、板结，售卖时需要使劲散块、捣碎。工人劳作时经常抱怨太过吃力。一次，拉德的夫人在帮助工人捣碎大块糖时受伤。这引起了丈夫拉德的思考，他开始琢磨如何可以既不浪费糖原料，也能大幅减少劳动强度。他悄悄地反复做试验，直到一年后其夫人过生日时，他拿出一盒方糖作为礼物送给夫人。方糖试验成功，代表他的一份心意，是爱的象征，所以现在的方糖经常是以心形出现。这就是捷克人的发明创造，需要有韧性和锲而不舍的精神。任何事务，看似简单，但对于第一个吃螃蟹的人来说却要付出辛苦，需要勇气和智慧去创造。

（五）各种大小不一、颜色各异的按扣

捷克系中东欧地区传统工业国，尤以机械和重工业见长，纺织业亦属其强项。捷克发明了无锭纺纱机、气流纺纱机，首创了尼龙化纤，服装制作也小有名气，特别是学生服更独具特色，衣服上便捷、耐用、美观的各式按扣便是其中明证。早在 1902 年捷克就发明了种类繁多的按扣，最大的莫过于用在裘皮大衣上的鸡蛋大小的顶级按扣，最小的是几乎看不到的微型按扣。按扣的颜色更是色彩斑斓，应有尽有，人们可按照自身喜好，并根据衣服的颜色、质地配备同色系或反色系的按扣，以达到画龙点睛的效果。目前，捷克最著名的按扣专利制造商系 Koh－i－noor Waldes 公司，其产品多元，质量上乘，远销世界各国。

以上故事虽然彼此无紧密联系，犹如晚会中的折子戏，但在一定程度上反映了捷克民族的创新意识，也折射出该民族追求独立、我行我素，善于别出心裁的独特性格。

谢谢大家！

（2021 年 4 月 25 日）

捷克电影与经典漫谈

主讲人：徐伟珠

内容提要： 捷克拥有庞大、发达的电影产业，在欧洲位居前列。讲座从捷克电影公司、巴兰道夫制片厂、布拉格电影学院、卡罗维发利国际电影节与奖项、动画片、著名导演与经典影片等关键元素入手对捷克电影业的发展脉络进行了解读。从哈维尔家族引出捷克电影业的起源，从60年代新锐导演及其代表作品引出捷克电影新浪潮，从传神之作《鼹鼠的故事》引出捷克动画片的创意、想象力和启示性，从捷克著名导演引出其电影产业的专业水准和国际影响力。

主讲人简介： 徐伟珠，捷克共和国一级贡献勋章、捷克共和国外交部马萨里克银质奖章获得者，北京外国语大学捷克语专业副教授。出版译著十余部：《终极亲密》《严密监视的列车》(2018年第七届"鲁迅文学奖"翻译奖提名作品)《雪绒花的庆典》，"布拉格故事集"系列四册：《女观众》《错失之爱》《青青校树》和《布拉格练习曲》。参与捷克文版《习近平谈治国理政》等著作的审校。

先给大家放一首歌曲，欣赏一下视频中当代捷克人的样貌。歌曲名字叫《Za stolet》，意思是百年之后。捷克是在1918年第一次世界大战结束、奥匈帝国瓦解之后建立起来的独立国家（原捷克斯洛伐克共和国），至2018年正好是一百年，捷克音乐人创作这首歌，以示纪念。歌词原文内容大致如下：

那片土地是不是人间天堂

免于黑暗记忆的侵蚀

无时无刻不想依偎在它的怀里

时光似水飞逝

高山依旧耸立在这里

总有一天我们也将化作古老回忆……

谁知道百年之后什么样

人们谈起我们是什么样

但愿他们也会歌唱

跳到淋漓酣畅，百年后和我们一样。

（歌曲部分）

捷克电影也经历了百年之久。今天我讲的题目是"捷克电影与经典漫谈"，首先来了解下"电影"和"经典"两个关键词。电影是一门伟大的艺术，它作为科技和艺术相结合的综合产物诞生于 19 世纪末，也是为适应城市民众新的精神需求的一种娱乐产物。一百多年来众多的经典影片先后问世，嵌入了我们几代人的记忆。意大利作家卡尔维诺对"经典"两字有过明确定义，"它带着先前解释的气息走来，背后拖曳经多种文化洗礼留下的足迹；它以难忘的方式给我们的想象力打下印记，乔装成个人或集体的无意识，隐藏在深层记忆之中。"难忘的方式是什么？应该是独特，是出乎意料和耳目一新。

捷克共和国是个中欧小国，但它有着优秀的文化与艺术传统，捷克电影业同样毫不逊色，其历史与规模一直跻身欧洲前沿行列。

1912 年卢塞纳影业公司（Lucernafilm）就在捷克存世了，它是捷克显赫的企业主哈维尔家族产业的组成部分；1927 年，全球知名的捷克鞋业品牌托马斯·拔佳（Tomáš Baťa）在公司所在地兹林（Zlín）设立专门的电影部门，意在为公司拍摄宣传广告。九年后的 1936 年升格为拔佳电影工作室，同年 11 月推出第一部有声广告片《秋天的奇想》；1931 年哈维尔兄弟在布拉格开发地产同时，建造了捷克电影的大本营——巴兰道夫（Barrandov）电影制片厂，作为欧洲最大、历史最悠久的电影制片厂之一，它历经辉煌，一度成为欧洲最大的电影制作中心；1946 年，布拉格 FAMU 电影学院成立（现称为布拉格表演艺术学院影视系，简称 FAMU），成为 20 世纪 60 年代捷克电影新浪潮的摇篮，从 FAMU 电影学院走出一大批新锐导演，引领捷克电影走向世界，也为捷克电影创下了令人瞩目的国际排名；1946 年同年夏天，在西部温泉名镇卡罗维发利举办首届国际电影节（MFF），迄今已举办 55 届，成为中东欧最具影响力的电影盛事。卡罗维发利国际电影节名列最早的 A 类电影节，与戛纳电影节、柏林电影节、威尼斯电影节同等类别，其最高奖项为"水晶球奖"；捷克还设有捷克金狮奖（Český lev），每年针对本国电影制作角逐产生最佳年度影片等多个门类奖项；在著名导演与经典影片方面，多部大咖导演执导的捷克影片，问鼎奥斯卡等国际最高电影奖项，除了捷克裔美国导演米洛斯·福尔曼（Miloš Forman，1932-2018）的大片，捷克本土导演拍摄的《大街上的商店》（1965）、《严密监视的列车》（1966）、《给我一个爸》（1996）先后荣膺奥斯卡最佳外语片奖；在世界上享有很高知名度的还有捷克的动画制作和木偶戏，一系列出自动画大师之手的动画片，可谓家喻户晓。

一、捷克电影业起源

捷克电影的起源要从哈维尔家族说起。从这个家族诞生了1989年之后捷克共和国第一任总统瓦茨拉夫·哈维尔[1]（Václav Havel，1936-2011）。他本人是一位剧作家，人文主义学者，深受捷克民众爱戴。捷克首都布拉格鲁津国际机场，自2012年10月起以他的名字命名，更名为瓦茨拉夫·哈维尔国际机场以示纪念。布拉格哈维尔家族，从磨坊主发家，几代经商。捷克电影业的源起跟哈维尔家族的投入和运作紧密相关，甚至可以说是依仗哈维尔家族得以规模发展。

瓦茨拉夫·哈维尔总统的祖父老瓦茨拉夫 (Ing. Vácslav Havel，1861-1921) 为土木工程师，一位实力雄厚的捷克地产商，他最壮观的杰作是在布拉格市中心的瓦茨拉夫大街一侧建造起豪华的建筑综合体卢塞纳宫（Palác Lucerna），浩大的工程从1907年直至1921年竣工。

卢塞纳宫在布拉格横空出世，正值一战后艺术风格向现代风格的过渡时期，其设计理念超前，独一无二地使用了钢筋混凝土、豪华天花板、金属组合和大玻璃平面等现代建筑手段，嵌入了新艺术风格的观赏性元素。它是布拉格第一座拱廊建筑，文化、商业和社会设施在空中交汇，为后来的现代大楼、走廊、川流不息的地下通道和地铁站开启了先河。建筑里面设有：卢塞纳多功能大厅、卢塞纳音乐酒吧、卢塞纳电影院、卢塞纳画廊以及散布在通道各处的诸多商铺和服务。

这个建筑综合体是布拉格城市骄傲的象征，对捷克的文化和社会生活产生空前的影

1　瓦茨拉夫·哈维尔，1990年至1992年任捷克斯洛伐克联邦总统，1993年至2003年任捷克共和国第一任总统。

响和贡献。卢塞纳有声电影院在当时就设置有 824 个座位，规模不同凡响。宫内还容纳了新生的捷克广播电台，引入大批国外电影，在卢塞纳多功能厅举行的舞会、音乐会、政治会议和体育赛事此起彼伏，各方名人在此相聚。多功能厅至今用于举办隆重的晚会和颁奖典礼。

老哈维尔有两个儿子，次子米洛什（Miloš Havel, 1899 – 1968）对电影情有独钟，新落成的卢塞纳宫尤其那座电影院，从根本上影响了米洛什的未来。在父亲去世之后，米洛什接管了家族企业卢塞纳影业公司，并成立了 A-B 电影工厂，开始从事电影拍摄。有声电影《C.a.K. 战地警长》问世后取得巨大成功，带来了丰厚回报。1931 年当他的兄长在布拉格巴兰道夫区开发城市项目，打造豪华型别墅区时，米洛什提出了建造若干电影制作间的建议。项目顺利推进，巴兰道夫电影制片厂水到渠成，应运而生，米洛什成为电影制片厂的主人。

他对电影技术发展反应敏锐，与世界顶尖的电影制作保持同步，他不仅主管捷克影片的摄制并对经典作品予以资助，同时还兼管捷克斯洛伐克外国影片市场的进口业务。得益于他的积极推动，大量重要的外国片在捷克放映，几百部美国西部片覆盖了布拉格和全捷克的影院。哈维尔家族当时在布拉格就拥有五家影院。媒体称米洛什将布拉格打造成为"东部的好莱坞"，似乎并不夸张，哈维尔家族对捷克电影业发展的助力与贡献由此也可见一斑。

二、巴兰道夫电影制片厂

米洛什·哈维尔他秉承好莱坞理念，在巴兰道夫建立现代电影制片厂，这在当时的欧洲无人企及。在 20 世纪 30 年代随着捷克电影的迅猛发展，不久兴建了第二、第三幢大楼。二战时期，法国把大部分电影制作都转移到这里，又兴建了三个摄影棚，至今仍在使用。

巴兰道夫制片厂自 1931 年创建工作室至今，已有 5000 多部捷克和外国影片在这里直接制作或参与制作完成。

目前制片厂拥有 11 个摄影棚，有规模庞大的服装、道具、布景车间和库房，收藏有几万件不同历史时期、不同国家和民族的服装和用具，俨然是一座规模可观的博物馆，可以满足来自世界各国摄制组的多样需求。这也部分解答了为什么布拉格和捷克能够成为国外电影人重要的外景地的问题，除了景色的确优美，跟其硬件设施有密切关系。

三、电影制作中心和外景地首选

布拉格之成为中欧最为活跃的电影制作中心和外景地首选，有其得天独厚的自身条件：

——首先巴兰道夫制片厂的硬件设施和道具设备；

——布拉格以数不胜数的名胜古迹和人文景观，被冠以"欧洲建筑博物馆"美誉。在布拉格，从哥特式到新古典主义所有历史风格比比皆是，而且现代建筑风格——从新艺术建筑到社会主义时期的水泥建筑遗存，同样不胜枚举，这是一个多元混合的城市，从电影制作角度来看完美便利，制片人在此地可以毫不费力地发现和营造任何大都市印象。

事实上，布拉格在不同影片中出现的频次比人们想象得要多得多，只是它被巧妙"伪装"了。在电影《地狱》或《雾都孤儿》中，它成为19世纪的伦敦；在1998年推出的《悲惨世界》中它是革命时期的巴黎；在福尔曼执导《莫扎特传》大片中它是18世纪的维也纳；在影片《44号孩子》中则是20世纪50年代的莫斯科。

——布拉格之外的外景地同样精彩纷繁。捷克国土上矗立着一座座年代和风格各异的城堡和宫殿，这些资源深受北欧电影人的偏爱，最适合用来拍摄历史片。因此，源源不断的资金流不仅涌向布拉格，同样流往捷克古迹、城镇和当地企业家囊中。

——此外，在捷克制作电影的成本和人力资源相对低廉，它拥有传统的制作中心、制片厂、后期制作公司和电影摄制组，以及专业精湛的职业电影人。

四、捷克电影新浪潮

捷克斯洛伐克新浪潮指代60年代开始创作的那一代电影编剧、导演及其当时的作品，这是捷克斯洛伐克电影史上最具艺术意义的重要潮流之一，其实验精神与美学成果使其成为新浪潮运动中最独具一格的国家，预示了新兴的现代电影诗学，在国际上产生巨大反响。

巴兰道夫电影制片厂和先进的 FAMU 电影学院是捷克电影新浪潮的发轫地。毕业于布拉格电影学院的一代新锐，成为新浪潮的主创，他们将现实主义、真实电影与前卫美学形式奇妙混合，通过荒诞幽默、寓言影射对日常生活细节、社会道德问题予以关注，叛逆和特立独行是新浪潮电影的一大特点。

在捷克新浪潮中，电影与文学密切关联，两者重叠为电影提供强大而诗意的文本，造就多元风格。1966 年 1 月，伊日·门泽尔（Jiří Menzel, 1938-2020）等五位年轻导演合作完成拼盘式作品《底层的珍珠》，影片选用非演员表演，冗长的对话经常是即兴发挥，在捷克国内一上映给观众带来清新之感。其他代表作品有《网中的太阳》《雏菊》《禁果游戏》《玩笑》和《消防员舞会》等。

在 1966 年至 1969 年的四年间，《大街上的商店》《金发女郎的爱情》《严密监视的列车》和《消防员舞会》四部影片连续入围奥斯卡最佳外语片奖，其中《大街上的商店》和《严密监视的列车》两度折桂，清晰凸现了汹涌澎湃的捷克新浪潮的声威气势，从而将捷克影片推向全球。

五、捷克著名导演

前面已提及最具国际知名度的捷克裔美国导演米洛斯·福尔曼，他出生于布拉格，1957 年毕业于布拉格电影学院编剧系，捷克电影新浪潮的发起人之一。1964 年，福尔曼以影片《黑彼得》荣获瑞士洛迦诺国际电影节金豹奖，随后的《金发女郎之恋》（1965）被公认为捷克新浪潮的范本，与《消防员舞会》（1967）先后获奥斯卡提名。而《飞越疯人院》（1975）和《莫扎特传》（1984）让他两次问鼎奥斯卡奖。他的《性书大亨》（1997）、《月亮上的男人》（1999）等影片都毫不逊色堪称电影史上的经典佳作。

他与众不同的风格——糅合了黑色幽默和对日常艰辛生活的审视以及温和细微的描述获得业界广泛的认同和热爱。1997 年，捷克卡罗维发利国际电影节授予他杰出贡献奖。2018 年，布拉格市中心伏尔瓦塔河畔的一个小广场被命名为福尔曼广场。布拉格市长表示："福尔曼毕生为布拉格和捷克共和国赢得了世界瞩目的荣誉，他的名字在布拉格市中心占据重要空间，恰当不过。"

第二位著名导演是伊日·门泽尔，另一位电影新浪潮先驱和荣膺奥斯卡奖的传奇，毕生执导 21 部故事片。除了《严密监视的列车》（1966），他陆续将捷克名作家博胡米尔·赫拉巴尔（Bohumil Hrabal,1914-1997）其他五部作品搬上银幕：《底层的珍珠》（1965）、《失翼灵雀》（1969）、《金黄色的回忆》（1980）、《雪绒花的庆典》（1983）和《我曾伺候过英国国王》（2006，获当年捷克金狮奖最佳导演殊荣）。两位捷克文化巨匠有很多交集，门泽尔则以诗意的镜头将赫拉巴尔的仁慈和悲悯注解和演绎。

这位善于寻找隐藏的深度的捷克本土导演，毕生以自己的影片倾情叙说捷克语境下的小人物故事。2020 年门泽尔去世后，他的讣告这样书写："请记得捷克共和国有多么美丽，门泽尔的电影展现的就是我们"。

第三位著名导演是斯维拉克父子，父亲兹·斯维拉克（Zdeněk Svěrák, 1936-）和导演儿子扬·斯维拉克（Jan Svěrák, 1965-）。实际上父亲比儿子更加出色，集著名编剧、演员、词作者和作家于一身，一辈子创作有 30 多部剧本。他出生于 3 月 28 日，恰逢捷克教师节，巧合的是他本人热爱教师职业，毕业于查理大学师范学院，然而命运让他在中学执教四年之后进入巴兰道夫电影制片厂任编剧。除了几十部剧本，他还创作有 400 多首歌曲，很多是电影插曲。他与各类导演进行过合作，最后父子联袂上阵，其中《青青校树》（1992）获得奥斯卡提名，《给我一个爸》（1996）拿下奥斯卡小金人。2014 年，他被卡罗维发利国际电影节授予杰出贡献奖。在 2021 年 3 月 28 日的媒体采访中他表示："其实我一直置身在教育领域，不肯舍弃，也没有走远。我只不过将学生替换成了观众，但我始终是一位教师，奖项于我而言只不过是更为稠密的掌声而已。"

六、捷克动画片

捷克动画片是捷克电影创作的一大亮点，不妨以 1989 年作为历史坐标。数据统计显示，1989 年之前，捷克故事片年平均产量为三四十部的话，那么捷克动画片尤其是木偶片制作却高达上百部。捷克对动画片或者木偶片的重视程度清晰可见。

最著名的捷克动画片莫过于兹德内克·米勒（Zdeněk Miler, 1921-2011）的《鼹鼠的故事》。米勒创作鼹鼠这一角色有个背景。1957 年，他工作所在的动画公司接到制作一部科普电影的请求，需要给小朋友解释一件衣服从布料到成品的整个过程。米勒想以动画片形式来表现，只是需要采纳某一个人物形象。一天他在克拉德诺小镇附近散步时，突然看到地面拱起的一个土堆，瞬间获得灵感，决定用小鼹鼠形象。他如期完成了《鼹鼠做裤子》的动画制作。动画片问世后，当年即获得威尼斯电影节银狮奖。这给米勒带来启发，1963 年他开始投入鼹鼠系列故事的动画创作。考虑到捷克语有限的受众面，他决定舍弃对话，主要以片中角色的表情、动作和简单发音来表达剧情和意境，将蕴含的哲理展现给观众。动画每一帧画面都是手工绘制，线条细腻繁杂，投入的精力可想而知。善良可爱的小鼹鼠成功地走向了世界，它畅销全球，斩获无数奖项。

《鼹鼠的故事》这部传神经典之作，米勒一共创作了五十多部，它散发着灵动的生命气息、自然之美和童真意趣，陪伴和温暖了几代人，给几代观众带来轻松和快乐。

鼹鼠在 1982 年进入中国，当时由捷克驻北京大使馆无偿提供给中央电视台，一播放便不可收，连续放映了 23 部。捷克鼹鼠在中国很快家喻户晓。2016 年，作为中国和中东欧国家深化人文交流和地方合作的产物，诞生了 52 集三维动画片《熊猫和鼹鼠》。

动画片为什么让观众如此心仪和喜闻乐见？其原因在于捷克动画在其表现形式下探讨的人性、情感等深层次问题。

早在 1945 年，捷克动画就以传统风格和超现实主义风格在布拉格和兹林两地形成两大学派。捷克传统动画大师是伊日·特恩卡（Jiří Trnka，1912-1969），他被冠以捷克动画电影之王，也是捷克木偶戏的创始人，在兹林有创作室，还创建有木偶剧院。超现实主义流派的代表人物是扬·史云梅耶（Jan Švankmajer，1934-），捷克电影史上最具创意和影响力的导演之一，世界动画界的泰斗。英国评论家称他为"二战以来欧洲最重要的动画电影制作者之一"，有着天马行空的想象力，看他的影片感觉在看一部现代艺术作品。立足他作品的荒谬感和社会意义角度，他是电影艺术中的卡夫卡。他在第一部作品《最后的伎俩》中，将剧场和木偶表演合二为一，挪用黑光剧的特殊技巧，营造了出人意料的奇幻视觉。他的作品不限于材料和形式，如面包、木头、陶器、演员都可以融合到一起。

提线木偶也值得一提，它们在布拉格无处不在，在市中心、老城区、大街小巷或者查理桥两头，到处能遇见木偶店或街头艺人。提线木偶当初是民间艺人走街串巷的一种即兴表演，之后木偶剧遍布城市乡村，成为备受民众欢迎的娱乐活动。其经典剧目《唐璜》是莫扎特的一部歌剧作品，最早于 1787 年在布拉格首演，莫扎特亲自上台指挥，一直演到当今，在捷克国家木偶剧场已上演 2000 多场。

结语

德勤公司曾在 2018 年从经济角度对捷克"电影、游戏和娱乐业"进行了分析,研究结果显示,捷克电影业收入占该国 GDP 的 1.1%,电影制作产生的直接或者间接收入超出了 1040 亿捷克克朗,其中直接收入达 540 亿捷克克朗,同时它还提升了就业率,有 3 万多人在电影业及其相关下游行业工作,从事技术专业、运输及餐饮服务。德勤研究还发现,得益于荣获国际大奖的捷克影片,捷克是包括好莱坞在内的外国电影制片人最心仪的外景地之一。统计发现,捷克电影产量中,重头是外国电影拍摄,占到总产量的 55%,广告占 31%,而捷克本国电影制作位居第三,占 14%,由此可见电影业在捷克经济中的占比与作用。

另外,捷克电影院的发展态势非常好,票房销售额和观影人数不断增长。过去 30 年,观影习惯已经发生了变化,1989 年 11 月"天鹅绒革命"之前,捷克其他娱乐活动相对单调,每年有 1 亿观众到电影院观影,但 1989 年之后观众人数有所下降。1999 年统计显示每年大约只有 800 万。2018 年后逐渐出现转机,达到 1600 万人次。德勤研究总结称,过去 20 年里,捷克影院的上座率一直在缓慢而稳步上升。即使出现了家庭影院,但是电影院的视听制作质量达到的水平,让家庭影院无法与之抗衡。

就欣赏口味,捷克人更喜欢看动画片或者喜剧,美国大片被大多数人喜爱。有 20% 的捷克人观看国产电影。

捷克的职业电影人,无论是摄影师、电影建筑师、音响工程师,还是演员、特技、技工或者音乐人,他们的专业特质、敬业精神和卓越水准始终是吸引国外大片前来捷克来摄制的基石。捷克便利的地理位置、优质的基础设施和影视团队,再加上政府激励机制,使得捷克脱颖而出,成为世界上最著名的电影制作地之一。尽管电影行业及其产业链的竞争持续激烈,但捷克共和国一如既往表现出色。

（2021 年 4 月 23 日）

致 谢

本书是浙江金融职业学院《捷克与欧洲：历史、文化与现实》公选课的讲座文稿集册。该公选课自2019年秋季起设立，开设的初衷是将捷克研究中心汇聚的专家学者请进课堂、走进学生，丰富学生的思考维度，为学校的国际化人才培养带来切实的福利。转眼间，课程已经开设了四个年头。每年受场地和班额限制，选修课程的同学仅有百余名。如此精彩的讲座不能惠及更多的学生令我们心生遗憾，于是将讲座文稿汇集成册的想法慢慢挥之不去。自2021年开始，中心同仁着手为讲座文稿集结成册做准备，每一期讲座文稿的整理、勘对有序推进，于是有了第一册的《欧洲：历史与现实》。本书汇编了2021年和2022年13位专家学者的讲座文稿，通过风云欧陆、争妍列国和镜像捷克三部分呈现了欧洲及域内国家的历史和现状。通读本书，读者可以跟随专家游历欧洲，探究法国的社会现实与德国的外交风云，了解捷克、罗马尼亚、塞尔维亚、克罗地亚、波黑等中东欧国家的风采，对于无法亲历课堂的读者也算是一种慰藉。

在此感谢中华人民共和国外交部中国一中东欧国家合作事务前特别代表、浙江金融职业学院捷克研究中心首席专家霍玉珍女士，中华人民共和国驻罗马尼亚前特命全权大使徐坚先生，中国驻俄罗斯使馆前公使周晓沛先生，北京大学国际关系学院教授、浙江金融职业学院捷克研究中心主任孔寒冰先生，北京大学国际关系学院教授连玉如女士，北京大学国际关系学院比较政治学系教授许振洲先生，中国社会科学院俄罗斯东欧中亚研究所研究员朱晓中先生，上海政法学院软实力研究中心主任胡键先生，中国社会科学院俄罗斯东欧中亚研究所研究员姜琍女士，中国社会科学院俄罗斯东欧中亚研究所转型和一体化理论研究室主任高歌女士，北京外国语大学捷克语专业副教授徐伟珠女士，中国社科院俄罗斯东欧中亚研究所副研究员徐刚先生以及复旦大学中欧关系研究中心副主任简军波先生在过去两年间为学生带来了精彩讲座。这些讲座不仅拓展了学生的视野与思维的宽度，让他们对于异域的多彩文化、发展历史与社会现实增进了理解，有助于学生以更立体的视角解读世界，也让学生有机会与各位知名专家面对面交流，真实感受学术之美，这对学生漫漫人生路的影响或许更为长远。该公选课还将继续开设下去，讲座集册还将陆续呈现给广大读者。

　　感谢郑亚莉校长为本书作序，感谢浙江金融职业学院捷克研究中心的同仁们为本书出版所做的工作，感谢江苏人民出版社鲁从阳先生的细心编辑。

浙江金融职业学院捷克研究中心　　张海燕

2022 年秋